LA SANTA MUERTE

Conoce los Orígenes, Misterios y Secretos de la Santa Muerte

VERE PALMER

© Copyright 2022 – Vere Palmer - Todos los derechos reservados.

Este documento está orientado a proporcionar información exacta y confiable con respecto al tema tratado. La publicación se vende con la idea de que el editor no tiene la obligación de prestar servicios oficialmente autorizados o de otro modo calificados. Si es necesario un consejo legal o profesional, se debe consultar con un individuo practicado en la profesión.

- Tomado de una Declaración de Principios que fue aceptada y aprobada por unanimidad por un Comité del Colegio de Abogados de Estados Unidos y un Comité de Editores y Asociaciones.

De ninguna manera es legal reproducir, duplicar o transmitir cualquier parte de este documento en forma electrónica o impresa.

La grabación de esta publicación está estrictamente prohibida y no se permite el almacenamiento de este documento a menos que cuente con el permiso por escrito del editor. Todos los derechos reservados.

La información provista en este documento es considerada veraz y coherente, en el sentido de que cualquier responsabilidad, en términos de falta de atención o de otro tipo, por el uso o abuso de cualquier política, proceso o dirección contenida en el mismo, es responsabilidad absoluta y exclusiva del lector receptor. Bajo ninguna circunstancia se responsabilizará legalmente al editor por cualquier reparación, daño o pérdida monetaria como consecuencia de la información contenida en este documento, ya sea directa o indirectamente.

Los autores respectivos poseen todos los derechos de autor que no pertenecen al editor.

La información contenida en este documento se ofrece únicamente con fines informativos, y es universal como tal. La presentación de la información se realiza sin contrato y sin ningún tipo de garantía endosada.

El uso de marcas comerciales en este documento carece de consentimiento, y la publicación de la marca comercial no tiene ni el permiso ni el respaldo del propietario de la misma.

Todas las marcas comerciales dentro de este libro se usan solo para fines de aclaración y pertenecen a sus propietarios, quienes no están relacionados con este documento.

Índice

Introducción   vii

1. La muerte es mexicana, pero no santa   1
2. Un México golpeado y su vecino no tan lejano   9
3. El esqueleto en el armario   17
4. Dentro del culto   33
5. Enemigos, competidores y rivales   51
6. Toma un trozo, pero no demasiado   57
7. La Santa Muerte en su conjunto   61
8. La Santa Muerte y la fuerza de las mujeres   67
9. Santa Muerte durante la pandemia por COVID-19   105

Conclusión   155
Línea de tiempo   159

Introducción

Los académicos europeos y estadounidenses están fascinados por ella. Es exótica; la miran con la mirada romántica del antropólogo y del sociólogo; es mexicana, pintoresca y tercermundista (por no mencionar que es un motivo fantástico para conseguir financiación de sus universidades). Muchos ven en ella, correctamente, un prodigioso sincretismo, tan común en la agitada historia de América Latina.

La jerarquía católica, la religión predominante en México, está horrorizada; la iglesia la califica de figura de culto satánico, asociada al crimen organizado. Asimismo, las autoridades gubernamentales observan con cautela, niegan el reconocimiento oficial a sus "iglesias" y destruyen sus santuarios solitarios en el norte de México, en carreteras plagadas de delincuencia.

Sin embargo, entre sus seguidores -además de presos, narcotraficantes y muchos hombres y mujeres bienintencionados que buscan otras alternativas espirituales- hay algunos que trabajan del lado de la ley, especialmente soldados y policías.

Entra la Santa Muerte, una figura esquelética vestida como una santa católica, a la que sus fieles elevan a los altares sin pedir permiso a nadie. De sus seguidores no sólo recibe velas, oraciones y peticiones, como cualquier otra santa; también la llaman con nombres cariñosos que al observador externo le parecerían una broma: guapa, flaca, niña mona, madrecita y, en el colmo de la confusión, "virgen".

¿Qué es entonces el movimiento de la Santa Muerte?

Como práctica, ha tomado mucho del catolicismo, de la santería e incluso de la Nueva Era, según el líder del momento y la región, desde Centroamérica hasta Chicago. En la variedad más parecida al catolicismo, se encuentran imágenes del esqueleto vestido con una túnica verde con estrellas y bordes dorados, con rayos de luz saliendo de su cabeza: una imagen en negativo

Introducción

de la Virgen de Guadalupe. "Es nuestra madrecita, nuestra flaca, siempre nos cuida", dice una mujer anónima que se refiere a la Santa Muerte de la misma manera que los católicos mexicanos se refieren a la Virgen. Aunque sin carne, la Santa Muerte es, sin duda, una figura femenina.

Pero las prendas de la Virgen de Guadalupe no son lo único que la "niña blanca" tomó prestado. De hecho, una de las principales características de este culto es su extraordinaria elasticidad. Se adapta a todo. Cualquiera puede dogmatizar. Todo el mundo contribuye según sus sentimientos y experiencias. Los jóvenes cholos (punks callejeros) prefieren una versión que recuerda más a algunos discos de Iron Maiden, y los ancianos del barrio de Tepito, otra más parecida a las que se encuentran en las iglesias de los pueblos pequeños, con flores en el pelo y una túnica con bordados. Por eso, para el observador casual que ve las velas, las flores, escucha el murmullo de las oraciones y nota la insistencia en recibir milagros, la Santa Muerte es como una santa católica más, a pesar de que el culto a la Santa Muerte no sólo no es aprobado por ninguna confesión cristiana, sino que ni siquiera es tolerado.

No se puede abordar el movimiento de la Santa Muerte sin reconocer su vinculación, real o no, con el

Introducción

narcotráfico, la violencia y el crimen organizado. Para algunos, esto es un hecho innegable; para otros, un intento descarado de desacreditar el culto. Aunque no hay duda de que el movimiento está íntimamente relacionado con la población que estuvo o está actualmente en prisión, y con aquellos que tienen un familiar cercano tras las rejas, es más difícil establecer una relación entre el crimen organizado y la Santa Muerte.

¿El culto produce transgresores, como algunos señalan, o algunos de ellos lo adoptaron para acomodar su mundo interior y justificar sus acciones, ya que "ella no juzga, puedes preguntarle lo que quieras"?

Esta es la historia de la Santa Muerte, el llamado culto de la crisis, un combo al rojo vivo de una kermesse (carnaval mexicano), el catolicismo y la Nueva Era; una práctica hedonista pero que implica también el sacrificio corporal.

Es una expresión de fuerzas económicas, psicológicas y sociales, más grande de lo que quizá sospechan sus acólitos. La Santa Muerte: Los orígenes, la historia y los secretos de la santa popular mexicana examina la santa popular y la forma en que creció su culto.

1

La muerte es mexicana, pero no santa

DEFINIR lo que es una religión siempre ha sido difícil, pero si se entiende, al menos en parte, como un sistema de creencias sobre el significado de la creación y del ser, el propósito y el destino final de ambos, y/o un sistema ético sobre los comportamientos aceptables y prohibidos, el culto a la Santa Muerte no es una religión. Tampoco es una secta, porque aparentemente nadie, o casi nadie, quiere crear un cisma dentro de la Iglesia Católica, y mucho menos ofrecer otra interpretación de la Biblia; de hecho, la mayoría de sus devotos se llaman a sí mismos católicos. Tampoco es una "secta" en el sentido tradicional, ya que los seguidores no hacen proselitismo ni tienen una figura carismática, a nadie se le prohíbe salir o se le obliga a entrar mediante coacción, y quienes se acercan a ella lo hacen por voluntad propia.

. . .

Muchos estudiosos afirman que la Santa Muerte es descendiente directa de las deidades aztecas de la muerte, pero ciertamente la moderna no es un símbolo de fertilidad y abundancia. A diferencia de su abuela, la Catrina, a la Santa Muerte no le interesa la crítica social ni burlarse de la hipocresía de la clase media. No importa cuánto quieran los entusiastas estudiosos establecer una línea de continuidad -y cierta legitimidad- entre la diosa prehispánica de la muerte, la Catrina y la Santa Muerte; esta última es un actor relativamente moderno.

Prácticamente ninguna de sus seguidoras ha sido "discípula" durante más de diez o quince años, lo que sitúa el inicio del movimiento masivo precisamente en el cambio de siglo, principalmente en las calles y cárceles de la ciudad de México.

Dejando a un lado el idealismo ingenuo que ve en ella una religión espontánea y valiente, nacida en los barrios bajos de la Ciudad de México, también discutiremos brevemente la creciente rentabilidad del culto y su posterior llegada a la cultura dominante de los Estados Unidos.

Los innegables poderes de la Santa Muerte para generar millones de dólares en beneficios, han animado un diálogo mutuamente beneficioso entre esta "religión de los olvidados" y las grandes corporaciones.

"No vale nada la vida", cantaba José Alfredo Jiménez, uno de los compositores más prolíficos de la música regional mexicana. Las letras de Caminos de Guanajuato y La Valentina ("Si me van a matar mañana, más vale que me maten hoy") han sido citadas en varias ocasiones para evidenciar que a los mexicanos no les importa la muerte; que como pueblo se burlan de ella y no tienen parangón en el mundo por burlarse de la muerte y sus símbolos. "En un mundo encerrado y sin salida", escribió Octavio Paz en El laberinto de la soledad, "en un lugar donde todo es muerte, la muerte es lo único que tiene valor". Afirmamos algo negativo. Las calaveras de azúcar o de papel de seda, los esqueletos de colores (...) son representaciones populares, siempre burlándose de la vida. Decoramos nuestras casas con calaveras, comemos pan que imita a los huesos y nos divertimos con canciones y chistes en los que la calva Muerte se ríe".

. . .

Durante muchos años, los esqueletos pintados o vestidos, comestibles o no, han formado parte de la cultura popular de México. Sin embargo, en cada época y lugar, los significados han sido diferentes. A principios del siglo XX, el grabador José Guadalupe Posada esculpió su famosa Catrina como parodia de las pretenciosas mujeres de clase media de su época, cuyo sueño era pasar por la sociedad luciendo como damas francesas.

Cuando en 1947 el artista Diego Rivera pintó a la Catrina de cuerpo entero y elegantemente vestida en su mural Sueño de una tarde de domingo en la Alameda, reprodujo la intención original de Posada, el mural era como una imagen del pasado; representaba la complacencia de la burguesía justo antes del estallido de la Revolución Mexicana. Rivera, que era anticlerical y ateo, estaba lejos de canonizar un culto embrionario. Un precursor más genuino fue encontrado por John Thompson, de la Universidad de Arizona, quien escribió que, según un testigo, en el siglo XVIII los indios mexicanos colgaron. un esqueleto y lo amenazaron con un látigo si no les concedía favores.

. . .

La primera referencia incontestable al culto moderno de la Santa Muerte aparece en la novela del antropólogo Oscar Lewis, Los hijos de Sánchez. Lewis publicó la historia de una familia mexicana, cuya primera edición no salió hasta 1961. Vivió con ellos en el barrio pobre de Tepito, en el centro histórico de Ciudad de México, para desarrollar su concepto de "cultura de la pobreza". En el libro, Martha, uno de los personajes, dice: "Mi hermana Antonia (...) me dijo que cuando los maridos se extravían, se puede rezar a la Santa Muerte. Es una novena que debe rezarse a las doce". Si Lewis publicó su obra a principios de los 60, entonces el culto existe al menos desde mediados de los 50 en Tepito.

En la novela, se trata como algo secreto, que se transmite de boca en boca entre las mujeres que necesitan favores, fuertemente mezclado con los rituales del catolicismo.

Pero México también tiene una historia de otros "santos" populares que la gente elevó a los altares sin la participación de las autoridades eclesiásticas. Un caso es el de José Fidencio de Jesús Síntora Constantino, también conocido como "El niño Fidencio", un curandero mexicano que estuvo activo en las décadas de

1920 y 1930 en el norte de México. Hoy hay altares, devotos y leyendas en torno al culto a Fidencio, y su fe es la columna vertebral de la economía de Espinazo, Nuevo León, donde curó. Otro caso, más parecido al de la Santa Muerte por el tipo de seguidores y asociaciones populares, es el de Jesús Malverde, cuya existencia histórica no ha sido establecida.

Malverde era supuestamente un bandido de carretera al estilo de Robin Hood. Hoy se le conoce como "el santo de los narcos" y "el ángel de los pobres". Su supuesta tumba atrae a muchos devotos, presumiblemente narcotraficantes y sus familias, que rezan y dejan flores y velas.

Ninguno de estos cultos ha sido reconocido o siquiera tolerado por la Iglesia Católica.

Un caso diferente es el de Toribio Romo, un sacerdote martirizado durante la persecución religiosa de los años 20, que recibió el tratamiento de santo por parte de los habitantes de la región central de México muchos años antes de que su culto fuera reconocido en el año 2000. Estos tres ejemplos muestran que las creencias religiosas a veces no se desarrollan a través de los canales autorizados en México, y que la creación de santos populares no es infrecuente. Como producto de su tiempo y de las necesidades de cada región, la mayoría de estos cultos, aunque nunca desaparecen del todo, se disipan al cabo de unos años.

En el caso concreto de la Santa Muerte, sería difícil reconstruir el trasfondo social en el que nació el culto.

Pero, ¿cómo pasa de ser una práctica clandestina a un fenómeno de rápido crecimiento en México, extendiendo sus huesudos brazos incluso hasta Estados Unidos? Como veremos, hay razones para creer que su rápida difusión es un fiel espejo de la realidad mexicana reciente.

2

Un México golpeado y su vecino no tan lejano

A MÉXICO siempre le duele algo, especialmente su economía. A pesar de sus intentos de modernización en los años noventa -mayor liberalización comercial, desregulación, venta de propiedades estatales y varios acuerdos de libre comercio-, el crecimiento ha sido errático e impredecible. Entre 2000 y 2015, según el Banco Mundial, el crecimiento del PIB fue sólo del 2,3%.

Durante ese tiempo, el país sufrió dos impasses económicos, el primero y más severo entre 2006 y 2009, cuando registró una fuerte contracción, y el segundo entre 2001 y 2003, cuando el crecimiento fue prácticamente nulo. En contraste, en la década de los 90 el país había crecido a una tasa anual promedio de 3.11% y casi 7% en los 60, durante el famoso "milagro mexicano".

La actual generación de jóvenes mexicanos sólo concibe la vida como crisis e inestabilidad. Ya que la 2010 economía mexicana se ha desplomado, sin poder alcanzar las tasas de crecimiento del pasado. En ese mismo periodo (2000-2014) la población del país pasó de 102 a 125 millones de habitantes.

Pero más importante que la situación económica, son los cambios sociales y la evolución global de la guerra contra las drogas. México, por su vecindad con Estados Unidos, ha sido un actor clave, no siempre para su propio bien. La lucha global contra las drogas ha afectado profundamente a su sociedad, su cultura, sus instituciones e incluso la vida de las familias. En los años 90, el gobierno de Colombia -principal productor de cocaína del mundo- logró desmantelar y liquidar los carteles de Cali y Medellín. En su día, el cártel de Cali fue calificado como el "sindicato del crimen más poderoso de la historia" e incluso fue comparado con el KGB soviético. La caída de los cárteles colombianos supuso una jugosa oportunidad para los narcotraficantes mexicanos, que ya habían forjado alianzas con los sudamericanos. El nuevo escenario sumió a México en un despiadado enfrentamiento entre los cárteles de la droga que intentaban conquistar mercados y territorios; por otro lado, estalló una guerra de facto entre ellos y el gobierno. La población mexicana quedó atrapada en medio, viendo rodar cabezas y frecuentes tiroteos en los principales centros urbanos.

La insaciable demanda de drogas ilícitas por parte de Estados Unidos justificaba todo tipo de masacres en el territorio del vecino del sur. Según un documento del Woodrow Wilson Center for International Scholars, en la actualidad "los cárteles mexicanos están asumiendo una mayor cuota de la cadena de suministro de cocaína, originada en gran medida en Colombia, mientras que los grupos de narcotraficantes colombianos conocidos como las Bacrim (bandas narcoparamilitares) están en declive".

El nuevo siglo se presentaba sombrío para México: ejecuciones, masacres, fosas clandestinas, secuestros, cabezas cortadas abandonadas en la calle y mensajes sangrientos de un grupo rival a otro. La inseguridad permeaba todos los niveles de la sociedad, no sólo en las clases bajas. En 2010, la entonces secretaria de Estado Hillary Clinton advirtió que la situación en México "se parecía cada vez más a la de Colombia hace 20 años, cuando los narcotraficantes controlaban ciertas partes del país". La otra cara de la ecuación era, por supuesto, el relativo fracaso de la guerra contra las drogas en Estados Unidos, cuyo principal proveedor es México. En 2013, el 9.4% de los estadounidenses consumía drogas ilícitas, frente al 8,3% de la década anterior. El mayor consumo fue el de la marihuana. Según el expresidente mexicano Ernesto Zedillo, actual director del Centro de Yale para el Estudio de la Globalización de la Universidad de Yale, Estados Unidos representa más del 25% de la demanda mundial de drogas ilícitas.

Durante estos años, la violencia y el culto a la Santa Muerte se extendieron como un murciélago del infierno, aunque puede ser demasiado simple presumir una relación causal. En el mismo periodo se produjo un acontecimiento importante en Ciudad de México, donde el culto salió del armario por primera vez en 1997: el PRD, el partido de la izquierda mexicana, ganó las elecciones por primera vez en Ciudad de México. El nuevo gobierno lanzó una reforma policial, intensificó su lucha contra la delincuencia y endureció su política de tolerancia cero. Un 2003 grupo de empresarios contrató a Rudolph Giuliani y a su empresa de consultoría para que elaborara un diagnóstico y diera consejos para combatir la delincuencia en la capital. El gobierno mexicano se comprometió a aplicar las 146 recomendaciones que el comité emitió. El resultado de ambos eventos fue un aumento explosivo de la población carcelaria en la Ciudad de México. Entre 2010 y 2015 pasó de 30.000 a 40.000 personas, un aumento del 30%. En el mismo periodo, la población de la capital sólo aumentó un 1%.

Por lo tanto, la economía errática generó más pobreza e incertidumbre, y la guerra entre los capos del narcotráfico aterrorizó a la gente común, pero el ingrediente final que hizo que el culto se popularizara y estuviera listo para entrar en las casas de los mexicanos de bajos recursos, fue el aumento de la población carcelaria.

Según los estudiosos, existe una relación directa entre las zonas de la ciudad donde el culto a la Santa Muerte es popular y la distribución de las familias con parientes en prisión o miembros que alguna vez estuvieron encarcelados. "Los altares públicos se erigen en las zonas más pobres, aunque no en las más pobres, del Distrito Federal.

Se encuentran en zonas de renta media-baja donde las duras condiciones de vida no son tanto el resultado directo de la pobreza, sino de la fluctuación de los ingresos y la violencia. La gran mayoría de estas colonias son conocidas por sus altos niveles de asalto y violencia de pandillas. Lo que sí revelan los mapas es (...) la altísima probabilidad de toparse con un altar callejero a la Santa Muerte en una colonia con alta población carcelaria".

Fue en este contexto que la señora Enriqueta Romero, vecina del barrio de Tepito, decidió poner un santuario público a la Santa Muerte en la calle Alfareros, afuera de su casa. No fue casualidad que esto ocurriera en uno de los lugares con mayores problemas de delincuencia, violencia, abuso de sustancias entre los jóvenes y tráfico de artículos robados. Este simple hecho tenía múltiples significados: primero, era la salida de un culto que hasta entonces había sido un asunto privado. Tepito era la zona cero.

. . .

Ciertamente, el culto llevaba al menos cincuenta años en los callejones de la capital mexicana, pero en algún momento hubo una visible apropiación por parte del crimen organizado. La Santa Muerte abrió sus brazos esqueléticos para las dos ramas que florecieron bajo sus ojos huecos: los adoradores que se dedican al narcotráfico y al terror, y miles de mexicanos aterrorizados por la violencia que los primeros producen a diario.

3

El esqueleto en el armario

EN COMPARACIÓN con otros movimientos religiosos, no se ha escrito mucho sobre la historia de la Santa Muerte. El interés de los estudiosos ha sido generalmente estático. La mayoría se acerca a ella para hacer una foto y no para ver la película, y normalmente con las gafas de color de rosa de una sola disciplina. A pesar de su mayor visibilidad, el fenómeno no ha sido debidamente medido ni estudiado.

Esto no debería sorprender a nadie, primero por su "novedad", pero también por el aire de secretismo e incluso peligro en el que se ha desarrollado el culto. A esto hay que añadir la ignorancia de sus propios seguidores y la falta de escritos "autorizados" (que probablemente nunca se produzcan).

. . .

Muchos estudiosos, como Andrew C., profesor de Estudios Religiosos en la Virginia Commonwealth University, creen ciegamente en las estadísticas que recogen sobre el número de devotos y la popularidad de la Santa Muerte, pero obtienen su información entrevistando a los líderes del culto, a los taxistas y a los vendedores de parafernalia, generalmente tomados por el entusiasmo. Los entrevistados suelen buscar notoriedad y hacer que su fe parezca respetable. Andrew, que dice ser el primer erudito que ha publicado un estudio académico en inglés, informa con entusiasmo que ahora el 10% de la población mexicana es devota de la Santa Muerte, basándose en la palabra de David Romo, uno de los líderes del movimiento, ahora en prisión acusado de secuestro y prácticas fraudulentas.

Lo que es innegable es que, en menos de 15 años, el culto a la Santa Muerte pasó de ser una práctica medio secreta, nacida en las celdas de las cárceles o en la intimidad de la casa, a un movimiento público y en expansión, caracterizado, como todas las nuevas denominaciones, por la pasión de sus seguidores. Pero, ¿cómo empezó todo? La primera mención de la versión moderna de la secta se encuentra en Los hijos de Sánchez (1961).

La fecha de publicación de la novela sugiere que a mediados del siglo XX existía un movimiento marginal que compartía algunos rasgos de los cultos de misterio de la antigüedad, como la existencia de ceremonias secretas conocidas sólo por los iniciados, y la falta de "ortodoxia" o creencia correcta. Los cultos secretos "se ocupaban principalmente de la vida emocional de sus seguidores.

Los cultos utilizaban muchos medios diferentes para afectar a las emociones y a la imaginación de los iniciados y, por tanto, provocar la "unión con el dios": procesiones, ayunos, una obra de teatro, actos de purificación, luces ardientes y liturgias esotéricas". Según los primeros adeptos, el culto hizo su aparición "pública" en las cárceles de México en los años 90. Otros han encontrado, sin embargo, otras figuras similares a la Santa Muerte, como el Rey San Pascual en Chiapas y otra en el pueblo de Tepatepec, Hidalgo, que se conoce y venera desde hace décadas.

. . .

"Fue a mediados de los años noventa, durante la crisis económica en México, conocida como el llamado crack del tequila, cuando la Santa Muerte comenzó a entrar en circulación pública", escribe Kristensen, "apareciendo por primera vez en sellos, chapas, colgantes o impresa en camisetas". Anne Huffschmid, investigadora de estudios latinoamericanos en la Universidad de Berlín, informa: "(El movimiento) comenzó a extenderse masivamente en las cárceles y centros de detención de jóvenes, donde estaba presente desde finales de los años setenta (...)

En realidad, fue sobre todo en la cárcel donde la extraña santa adquirió su manifestación más persistente, a menudo tatuada directamente en el cuerpo, compitiendo ahora abiertamente con las inscripciones católicas.

Durante mucho tiempo, los jóvenes encarcelados se tatuaban la Virgen de Guadalupe en la espalda, porque nadie apuñalaba a la Virgen. Con la creciente noción de inseguridad de los años 90, cada vez más presos se hacían grabar una Santa Muerte en la piel".

. . .

La Santa Muerte fue "liberada de prisión" y expuesta masivamente al público mexicano en agosto de 1998, cuando el gobierno mexicano capturó a Daniel Arizmendi López, un secuestrador conocido como El Mochaorejas, porque mutilaba a sus prisioneros y enviaba sus orejas a sus familiares. La captura de Arizmendi fue presentada como un gran logro del gobierno mexicano en la televisión; había secuestrado y mutilado a más de 180 personas con la ayuda de la policía, y tenía a la sociedad en estado de ansiedad. Durante su detención, la policía encontró un altar a la Santa Muerte dentro de su casa, hecho que los medios de comunicación también difundieron rápidamente. Curiosamente, las autoridades le permitieron llevar el altar a su celda. En una entrevista realizada por el periódico La Jornada, Arizmendi confesó que temía a la muerte.

Los primeros altares a la Santa Muerte aparecieron ese mismo año en la colonia Buenos Aires, una de las zonas más infestadas de delincuencia y violencia en la Ciudad de México. Un año antes, el barrio había sido noticia de primera plana tras la tortura y ejecución de seis jóvenes a manos de policías. Entonces, el 2001culto a la Santa Muerte recibió una inyección de vitaminas. Este momento es identificado en la mayoría de los estudios como un parteaguas entre el viejo culto y el nuevo movimiento popular de hoy. El 31 de octubre -festividad de Halloween en Estados Unidos, pero no del Día de Muertos en México- una mujer llamada Enriqueta Romero, que hasta entonces se ganaba la vida vendiendo quesadillas (tacos con queso), puso su altar a la Santa Muerte fuera de su casa, en la calle Alfareros. Junto a él, abrió una pequeña tienda con artículos relacionados: libros, medallas, cuadros y velas de la Santa Muerte. El barrio era, no por casualidad, Tepito, tristemente célebre en todo el país por ser uno de los lugares más inseguros para caminar de noche, y por su fama de tráfico de artículos robados. La señora Romero, nacida en 1949, ha contado versiones contradictorias sobre el origen de la figura de tamaño humano que colocó en la calle, sin duda la más famosa de los altares de su país. Al principio dijo que la estatua se la había regalado un hijo que estaba en la cárcel. En otras entrevistas contó la historia más elaborada y "respetable" de que había heredado la imagen de una tía que practicaba el culto desde 1962.

En otra conversación que tuvo lugar en 2005, la Sra. Romero elevó sus calificaciones y declaró que había sido creyente durante "cuarenta o cuarenta y cinco años".

En cualquier caso, su idea fue un éxito. Al principio, los transeúntes se paraban a dejar flores y velas. Luego empezaron a llegar fieles de otros barrios hasta que Doña Queta decidió finalmente organizar un ritual de estilo católico cada 31 de octubre. Al ver su éxito, repitió la celebración el último día de cada mes. De inmediato se disparó el número de altares callejeros, en Tepito y otras colonias, así como el número de asistentes. La popularidad de la "Flaca" tomó a todos por sorpresa. Se corrió el rumor de que la Santa Muerte concedía muchos milagros, que la creencia en ella protegía del peligro, o al menos que se disfrutaría de una buena muerte (sin dolor). Las ceremonias callejeras tomaron prestados muchos elementos de la liturgia católica, y el altar de Tepito fue visitado por un número cada vez mayor de personas de ambos sexos, algunas de rodillas, de todas las edades y de diferentes estratos sociales, pero principalmente de familias de escasos recursos. Luego, como abejas atraídas por las flores, cientos de pequeños y grandes vendedores de parafernalia se acercaron a los lugares del culto.

Doña Queta, como todo el mundo la llama, tuvo sin duda una gran idea: presentar su ceremonia con ropa católica, literalmente, pero también las oraciones y la liturgia.

Esto atrajo a muchas personas que no querían renunciar a su fe católica. Romero se aseguró de aclarar que el culto a la Santa Muerte no estaba en contra del cristianismo. Se declaró un ferviente creyente en Dios. Como puede verse en innumerables vídeos en YouTube, la señora Romero actúa como una líder carismática, recita oraciones (cuidadosamente elaboradas para inflamar el sentimentalismo) claramente hechas por una pluma experta, que a veces provocan una histeria no muy diferente a la de ciertas denominaciones pentecostales.

No tardó en aparecer el primer competidor. Posiblemente animado por la creciente popularidad del culto, y atraído por la perspectiva de poder y autoridad, David Romo, sin ninguna formación en teología, se ordenó "Monseñor" y "Arzobispo" y registró su "Iglesia Católica Tradicional de México-Estados Unidos" en la Secretaría de Gobernación en octubre del 2005. Esos primeros años, Romo afirmó que su iglesia era "católica" pero separada de Roma, porque el Vaticano había traicionado los verdaderos principios de la fe católica. Romo era un hombre camaleónico y oportunista con síntomas de ser mitómano. Excomulgó a Juan Pablo II y a "su pandilla de obispos", afirmó que sus sacramentos eran "totalmente válidos" e incluso celebró matrimonios. Una ceremonia que recibió mucha atención mediática fue la boda de Niurka Marcos y Bobby Larios, dos actores de telenovelas de México.

El "Arzobispo" parecía tener mayores ambiciones y mejores aptitudes para las relaciones públicas que Doña Queta. Estableció un "Santuario Nacional de la Santa Muerte" en la calle Bravo de la Ciudad de México y comenzó a atraer a los jóvenes. Daba entrevistas vestido de blanco, como un sacerdote católico, promovía el uso de anticonceptivos, abogaba por el aborto en casos especiales y hablaba en contra de la virginidad. También ofrecía casar a las parejas homosexuales.

No era un secreto que el icono central de su iglesia era la Santa Muerte. La congregación de Romo también organizaba procesiones con la estatua hasta la plaza principal de Ciudad de México, y publicaba una revista llamada Devoción a la Santa Muerte, con noticias sobre el culto, consejos sobre cómo purificar el dinero en los altares, oraciones para enamorar a alguien y testimonios de personas que habían recibido un favor.

En entrevistas y homilías, el "arzobispo" imitaba a los sacerdotes católicos, se presentaba como el defensor de los transexuales y se distanciaba de episodios escandalosos como el asesinato ritual de tres hombres en un altar de la Santa Muerte en Nuevo Laredo.

Su siguiente paso fue "mejorar" el aspecto de la Santa Muerte. "Queremos dejar atrás la oscuridad. El esqueleto pequeño ya tiene excesos", dijo Romo.

Más que un pequeño retoque, Romo presentó en realidad un icono completamente nuevo, posiblemente para tomar distancia estratégica del vínculo cada vez más fuerte, en la mente de la gente, entre la Santa Muerte y el crimen organizado. Romo exhibió la estatua de una mujer blanca en su templo del barrio de Morelos, con abundante cabello castaño y un vestido dorado; pero se parecía más a Morticia Addams con un mal caso de cirugía plástica que a la Virgen María. Para confusión de los fieles, el "Arzobispo" anunció que su nombre oficial sería ahora "Ángel de la Muerte" y pidió a todos que sustituyeran sus esqueletos por la versión "autorizada". Para justificar el cambio de imagen, Romo recurrió a su mentira compulsiva: "(La Santa Muerte) se le reveló a una mujer. que no es seguidora, no es de nuestra congregación. Se le apareció, y la mujer (se acercó a mí) y me dijo 'Padre, la Santa Muerte se me reveló y me pidió que se la trajera y que usted la recibiera. Me dijo que usted sabría qué hacer'. Esto ocurrió en diciembre". Cuando se le pidió que presentara a la testigo, Romo dijo que desconocía su identidad. "La señora no ha vuelto a pisar la iglesia".

Con el cambio de iconografía, muchos sospecharon que Romo pretendía obtener el reconocimiento oficial del gobierno mexicano, ya que su templo le estaba dejando respetables ganancias.

Sin embargo, la nueva imagen fue un completo fracaso; los fieles se negaron a deshacerse de sus antiguas estatuas y a gastar en este "Ángel de la Muerte". Enfadado, Romo culpó a los vendedores de las tiendas por no ofrecer su versión.

El cambio de imagen tampoco tuvo efecto en el gobierno mexicano. En 2016, la Secretaría de Gobernación volvió a negar el reconocimiento por cinco años más. Esto nunca desanimó a Romo, que solía hablar con los periodistas de sus ambiciosos planes de construir una "enorme catedral de doce mil metros cuadrados" que contaría con criptas, una pila bautismal, oficinas, una sala audiovisual y dos estudios de televisión. El proyecto costaría más de tres millones de dólares, y dijo que esperaba conseguir aportaciones de los fieles.

En 2008, otro líder entró en escena. Su nombre era Jonathan Legaría Vargas. Legaría erigió una figura monumental de la Santa Muerte en Tultitlán, Estado de México, que compensaba su inepto diseño con su impresionante altura de 72 pies. También ávido de títulos y autoridad, Legaría pidió a todos que le llamaran "padre", "padrino" o "comandante", y comenzó a dirigir el culto cada semana. Legaría era un megalómano que se proporcionaba a sí mismo excesivos cuidados de belleza.

Cambiaba el color de sus ojos, vestía túnicas blancas o negras y exhibía collares de oro; aseguraba tener poderes de curación, daba consejos espirituales y conducía coches de lujo. Cuando lo acusaron de querer sólo una tajada del pastel de la Santa Muerte, declaró que había levantado su altar de la Santa Muerte, el más grande del mundo, para que el culto no se concentrara en Tepito. No todos los vecinos estaban contentos con el monumento. Muchas familias comenzaron a quejarse ante las autoridades municipales, porque sus hijos no podían dormir por la presencia de la siniestra imagen. Además, el templo de Legaría no contaba con un permiso de uso de suelo, por lo que también comenzó a sufrir presiones del gobierno de Tultitlán. Su rival, David Romo, lo calificó como un fraude, un engañador que se aprovechaba de los fieles para ganar dinero. Él también pidió a las autoridades que retiraran la estatua del "comandante".

La carrera de estos dos efímeros líderes masculinos no tuvo un final feliz. Legaría fue asesinado a tiros en 2008 mientras conducía un todoterreno de lujo con retratos de la Santa Muerte. Salía de un club nocturno con dos mujeres. Enriqueta Vargas, su madre, pronto se convirtió en su sucesora. La mujer dice que tiene que construir un gran templo, y necesita cinco millones de pesos para comprar el terreno y continuar la obra del "padrino". Da "misa" los domingos, da bendiciones y usa un dispensador de agua bendita, como un sacerdote católico.

. . .

Mientras tanto, David Romo, el autodenominado arzobispo de la iglesia de la Santa Muerte, fue detenido en 2011 por su participación con una banda de secuestradores y chantajistas. Con fina ironía, el gobierno mexicano condenó a Romo a 66 años de prisión y a pagar 666 días de salario mínimo por sus delitos.

Sin tener en cuenta a estos aspirantes a mesías, el culto siguió creciendo como la hierba salvaje. En 2008 se habían registrado unos 200 santuarios en la Ciudad de México y se estimaba que tenía unos 30 mil seguidores, sobre todo en zonas pobres. En 2009 Enriqueta Romero, la mujer de Tepito que inició la "nueva ola", comenzó a rezar rosarios a la Santa Muerte en agosto, un mes tradicionalmente dedicado a la Virgen María. Sin embargo, a pesar de sus intentos por presentar el culto a la Santa Muerte como algo limpio y honesto, prohibiendo el consumo de marihuana en sus celebraciones, y ciertamente a pesar de contar con devotos de buena fe, los medios de comunicación y las autoridades de México y Estados Unidos ya habían advertido la estrecha relación entre el crimen organizado y la Santa Muerte.

. . .

Un informe de 2011 de la Universidad de la Marina señaló que se estaba produciendo un cambio en el perfil de los devotos, y que la Santa Muerte estaba siendo adoptada como figura representativa por los elementos más tiranos de los cárteles y otras organizaciones criminales. "Hay tendencias sutiles y patrones de identificación que han aparecido en diversas mutilaciones masivas, como el apilamiento de cadáveres, o las decapitaciones, que también han aparecido en las ofrendas rituales a la Santa Muerte. Los grupos de traficantes de la Costa del Golfo han recurrido a sacrificios humanos rituales y decapitaciones en honor a la Santa Muerte. En el juicio de Gabriel Cardona Ramírez, miembro de un sicariato de tres personas del cártel del Golfo, los investigadores alegaron que recogía la sangre de sus víctimas en un vaso y brindaba por la Santa Muerte". El mismo periódico afirma conocer la decapitación de niñas frente a un altar en Tepito y cómo, según el testimonio de los vecinos, el autor fue recompensado por la Santa Muerte con coches, casas y dinero.

Por esa época comenzaron a aparecer altares a la Santa Muerte en el norte de México, a lo largo de la frontera con Estados Unidos, especialmente en los estados de Nuevo León y Tamaulipas, una región plagada de narcotráfico. Consciente de que los cárteles se habían apropiado de la antigua creencia, el presidente de México, Felipe Calderón (2006-2012), declaró tácitamente la guerra al culto cuando ordenó al ejército destruir cuarenta santuarios a lo largo de la frontera con EE UU. Romo, que entonces todavía era un hombre libre, llamó a una "guerra santa" contra el gobierno y la Iglesia católica.

A pesar de algunas protestas, la eliminación de capillas continuó con el apoyo del ejército y especialmente de los marinos mexicanos, y continúa hasta hoy.

Pero, ¿cuáles son las principales creencias del movimiento de la Santa Muerte? ¿Cuál es la finalidad última del culto? ¿De dónde han sacado sus convicciones y cuál es la "ortodoxia" o la creencia correcta, si es que la hay?

4

Dentro del culto

La existencia de un culto a la "Santa Muerte" en México, no pasó desapercibida en Hollywood. En 2004 hubo una breve mención en Man on Fire, una película protagonizada por Denzel Washington. Pero fue en 2010 cuando el público estadounidense tuvo su primera exposición masiva al icono gracias a dos populares series de televisión. La primera fue Breaking Bad y la segunda Mentes Criminales, que en un mes dedicó escenas sobre el extraño rito procedente del sur del Río Grande. Colección de trivialidades aparte, la aparición de la "niña blanca" en dos de las series más populares del momento, era sintomática no sólo de su rápida expansión, sino también de cierta inquietud en Estados Unidos por la invasión de algo que se parecía demasiado al crimen organizado.

. . .

Se han ofrecido muchas explicaciones sobre la rápida expansión de la "Niña Blanca" en los últimos quince años. Algunos autores, como Kristensen y Chestnut, ven un punto de inflexión en el momento en que Doña Queta sacó su altar a las calles de Tepito, que fue replicado por otros inmediatamente. Esto fue sin duda un hito en la historia del culto, pero es evidente que el culto no floreció porque doña Enriqueta instalara su altar; se trata más bien de que el altar apareció públicamente y cosechó el éxito cuando se dieron las condiciones adecuadas para que el culto prendiera, como vimos en el capítulo dos. Tal vez diez o quince años antes, los resultados hubieran sido radicalmente distintos. Evidentemente, muchos mexicanos vieron algo vagamente familiar en esta imagen tan frecuente, algo fácil de asimilar, aunque no fuera morena, bella y joven como la Virgen de Guadalupe, sino descarnada y muerta, como posiblemente lo eran también muchos de sus amigos y su núcleo familiar. Sin duda había un gran número que acudía a los altares de la Santa Muerte con auténticas necesidades espirituales y materiales, sobre todo la población adolescente; pero también otro sector oportunista, necesitado de apoyo social, la contemplaba, viendo en su imaginería la realización de sus deseos e intenciones.

. . .

Tanto Doña Queta como David Romo coincidieron en las entrevistas en que la mayoría de los seguidores son jóvenes y adolescentes.

Los vídeos disponibles muestran a muchos adultos e incluso ancianos, pero en general confirman la impresión de los líderes. Por género, el sector más numeroso es el femenino, pero esto no es exclusivo del culto, sino algo normal en todas las grandes religiones. En cuanto a los adeptos (entre 5 y 10 millones), las cifras han sido muy exageradas por los medios de comunicación sensacionalistas y los estudiosos basados en fuentes dudosas. La estimación de Kristensen de 30 mil personas parece más razonable. El estudio de Chestnut, que ha sido muy influyente, concluye descuidadamente que la Santa Muerte es el santo más popular en México y entre la población latina de Estados Unidos, incluso más que la Virgen María. ¿Cómo llega a esta conclusión? Porque en sus entrevistas, los vendedores de estatuas le dijeron que la Santa Muerte era la más vendida. Esto tiene tanto sentido como concluir, en Semana Santa, que el Conejo es más popular que Santa Claus. En lugar de las alegres deducciones de Chestnut, la información de los vendedores de las tiendas sólo nos dice que la Santa Muerte es la imagen más vendida en esos lugares (normalmente mercadillos populares), a los que acuden la mayoría de los devotos, o incluso que no necesitan comprar la imagen de otro santo porque ya tienen uno en casa. ¿Qué pasaría si Chestnut hiciera una de sus entrevistas en una tienda de lujo de la Nueva Era ubicada en una zona de altos ingresos, como Polanco o Santa Fe?

Además, aunque es posible encontrar estatuillas de la Santa Muerte en mercados callejeros y populares prácticamente en toda la república mexicana, el culto se localiza predominantemente en algunos barrios de la Ciudad de México. La aparición de altares en el norte del país corresponde a la migración de la población. Los principales lugares de culto popular son las colonias Guerrero, Morelos, La Merced y Doctores en el centro histórico de la capital, aunque también se han encontrado altares en las colonias Pensil, Barrio Norte, Vicente Guerrero, Ejército de Oriente, San Miguel Teotongo, Gabriel Hernández y La Cruz. La mayoría de ellas son conocidas por su alto nivel de inseguridad, violencia y otras condiciones que escapan al control de las personas. Siguiendo a Kristensen, hay "una probabilidad muy alta de encontrarse con un altar callejero a la Santa Muerte en una colonia que tiene una alta población carcelaria". Es ilustrativo que, en el caso del altar de Tepito, al final del culto, Doña Queta pide a la gente que salga rápido del barrio para que no sea asaltada.

Aunque los datos son más escasos en este caso, también hay algunos indicadores de que la imagen es muy popular entre las personas cuya actividad implica un alto riesgo de morir durante el día. Esto incluye no sólo a los miembros de las bandas criminales, sino también a la policía y al ejército, cuyos miembros a veces piden a la Santa Muerte que bendiga sus armas y municiones.

En el caso de quien escribe, la primera persona que conocí que era devota de la Santa Muerte fue una mujer de unos 30 años que trabajaba para la policía. La conocí en 2004 y me explicó que fue introducida en la secta por su hija adolescente. Para su sorpresa, un día la chica puso un altar en su habitación. Después de un poco de lucha, toda la familia aceptó tenerlo. En sus propias palabras: "Lo que tenemos es una relación de respeto hacia la Santa Muerte, para que tengamos una buena muerte; eso es lo principal, que nos proteja y no nos maten, y cuando eso ocurra, tendremos una buena muerte (indolora, rápida)." En otra entrevista que tuve, poco antes de terminar este libro, otro seguidor me dijo

"Creo más en la Santa Muerte que en Dios porque es más realista. Hagas lo que hagas, vas a morir, y la Santa Muerte es lo último que vas a ver en esta vida."

Como hemos visto, las cárceles concentran un gran número de creyentes; es muy probable que el culto se haya irradiado desde allí a las barriadas. En un reciente motín carcelario en la ciudad de Monterrey, en el norte de México, el gobierno encontró cientos de celdas con altares a la Santa Muerte. La prensa detectó y explotó este vínculo entre la Santa Muerte y los delincuentes, sobre todo a partir del caso del Corta Oídos. De ahí que los reporteros comenzaran a inventar apodos como "la santa de los narcotraficantes" y "patrona de los sicarios".

Aunque estas observaciones no carecen de fundamento, aquí es obligatorio hacer una puntualización: esto no significa que todos los creyentes, o incluso la mayoría, sean criminales o se enfrenten a la muerte cada día; es más correcto decir que una parte considerable de los criminales violentos, especialmente los que operan bajo una organización, se unieron al culto bajo sus propias condiciones.

· · ·

A la mayoría de los devotos no les preocupa el hecho de ser católicos y adorar a la Santa Muerte. Sin embargo, el principal atractivo de esta "santa" es su ambigüedad moral. Ninguno de los entrevistados mencionó la necesidad de una conversión, o de cambiar un modo de vida reprobable; la "Niña Blanca" es alguien a quien el creyente puede dirigirse con peticiones de cualquier tipo, sin importar si son legales o no, cosas que serían impensables pedir a Dios o a otro santo. Con la Niña Blanca no hay que renunciar a nada ni aceptar ningún dogma, salvo dos o tres que todo el mundo repite como verdad revelada: que "ella" es justa, que "no hace diferencia entre los buenos y los malos, sino que acepta a todos por igual, como una madre"; también "para ella, todos, ricos o pobres, somos iguales, porque todos somos esqueletos por dentro, como nos recuerda la imagen". A ella no se le piden milagros, se le piden favores, o respaldo".

Un vendedor de productos ilegales muestra con orgullo un gran tatuaje de la calavera en su pecho y declara: "Siempre le he rezado a la Virgen María, pero hace poco empezamos a ir primero a la Santa Muerte. Ella nos entiende mejor".

. . .

Otro entrevistado añadió: "Uno tranza con ella", lo que significa que en el trato con esta figura no hay lugar para juicios morales, se puede pedir cualquier cosa, buena o mala. Es interesante que el hombre haya elegido la palabra "tranza", un verbo que no tiene una traducción fácil en español. El verbo significa trueque, cambiar una cosa por otra, que puede ser del mismo valor o no, pero ambas partes se sienten defraudadas. Las clases populares de México viven la tranza, un intercambio moralmente ambiguo, ya que una de las reglas no escritas de la tranza es que nunca se debe preguntar el origen de la mercancía, pedir papeles o garantías. La tranza es la economía sumergida en su máxima expresión. Asimismo, los devotos que destacan las ventajas del culto dicen que si uno hace tranzas con la Santa Muerte, saben que su "protección" les traerá beneficios, y también reconocen que están entrando en una relación peligrosa, en la que, si el devoto falla, se enfrentará a consecuencias nefastas, porque la Santa Muerte "no tiene piedad". Aquí es inevitable preguntarse si esas palabras describen inconscientemente lo que sucede cuando un niño o un padre en apuros aceptan los favores de un cartel.

"La gente (...) describe a la Santa Muerte como un ángel de último recurso para los forajidos y parias, gente que se siente abandonada por su gobierno y menospreciada por la iglesia", escribió Ginger Thompson para The New York Times. "Viven en los márgenes de una sociedad asediada tanto por policías renegados y políticos corruptos como por el crimen".

"La Flaca nos entiende porque es cabrona como nosotros", decía una vendedora ambulante en Ciudad de México, refiriéndose a uno de los muchos nombres de la Niña Blanca, además de Señora de las Sombras, la huesuda, la poderosa, la madrina y hasta Virgen. En las entrevistas, los devotos dejan entrever su deseo de igualdad ("Nuestra bella Flaca no hace distinción entre ricos y pobres, para mi niña, todos somos iguales").

También se detecta la necesidad de protección y el miedo a la muerte, lo que resulta cuando menos irónico. "Es un culto basado en el miedo, a la muerte precisamente, y por tanto a una figura aterradora", me dijo Anna Cecchini, del Istituto di Gestalt HCC de Italia. Cuando le pregunté por qué la gente puede apegarse a algo que teme, me contestó: "Es una especie de síndrome de Estocolmo.

. . .

Cuando sientes que tu vida está en peligro, y ese peligro viene de alguien que, de alguna manera, tiene el control, una posible forma de comportarse es someterse a esa persona, siendo amable, mostrando respeto, halagándola, esperando que así te ganes su favor y deje de ser amenazante".

Externamente, el culto externo a la Santa Muerte es muy similar al catolicismo más tradicional y clientelar, como el que sobrevive en los pueblos pequeños de México y entre la gente menos educada. Es un culto intensivo en símbolos portátiles y tangibles, más que en prácticas espirituales. Lo primero es la propia efigie de la Santa Muerte.

Suele estar de pie con una hoz, como la Parca, pero a veces se la puede ver montada en un caballo. En algunas versiones tiene la Tierra en una mano, una forma de decir que es dueña del mundo, y en la otra lleva una balanza, símbolo de que es justa y no diferencia a las personas. En otras representaciones se la ve con un reloj de arena, lo que significa que es dueña del tiempo, o que la vida es corta y ella estará allí al final. La interpretación es libre. Algunos sitios de Internet dedicados a la Santa Muerte colocan incluso imágenes del Motorista Fantasma de Marvel Comics. Su vestimenta también varía.

En el culto "antiguo" de Tepito, habría esqueletos vestidos de santos o vírgenes, con colores pastel y vestidos de novia, con flores y túnicas. Una variante más "moderna" parece ser masculina, con una expresión amenazante y un hábito de monje, negro o blanco.

El devoto típico suele ofrecer velas, dulces, botellas de tequila, flores e incluso cigarrillos de marihuana. Muchos hacen sacrificios corporales, como caminar de rodillas durante largas distancias llevando una efigie a la espalda. La mayoría de las personas que asisten a una ceremonia toman su estatua y la sostienen en el momento culminante de la ceremonia, para que se "impregne" de energía y la absorba. No me queda claro (y a todo el mundo) si la energía proviene de la estatua principal del templo, del propio culto o de arriba. O de abajo. A diferencia del concepto de Gracia en el cristianismo, en el que la salvación o la ayuda de Dios no se basan en el mérito personal, sino como un regalo gratuito, con la Santa Muerte todo es negociación. Está bien pedir, pero hay que ofrecer algo a cambio, como dulces en el caso de los niños, o el caso extremo de un devoto del crimen organizado que confesó que su mayor deseo era llevar la cabeza de uno de sus enemigos al altar.

Sin embargo, la forma más común de ofrendas son las velas, que se venden en varios colores. Su significado está supuestamente bien establecido, pero no hay dos fuentes que coincidan.

Una interpretación dice que ofrecer una vela negra significa el deseo de hacer daño a alguien o la búsqueda de venganza; algunos narcotraficantes encenderán una vela negra para pedir un paso seguro a través de la frontera con un cargamento de drogas, sabiendo que no pueden pedir ese favor a ningún santo católico. Las velas rojas son para la sumisión de un ser querido, las amarillas para pedir dinero o empleo, las verdes para asuntos familiares o asistencia en casos legales, las blancas para protección y las velas arco iris para todo lo anterior.

Lo que distingue a este culto es la personificación de una de las etapas de la vida (la muerte), lo que no está muy claro que ocurriera en las prácticas prehispánicas que se han comparado. Para el devoto de la "Niña Blanca", la Santa Muerte es una persona espiritual real. Pero la Santa Muerte es también la personificación de un evento que se percibe como negativo e indeseable (la muerte), por lo que irónicamente el leitmotiv de pertenecer al culto es pedirle que se aleje, que no se haga presente, que no toque a la familia y que cuando venga, tenga piedad.

Hasta ahora, el movimiento no ha producido ciertamente una "revelación" oficial o unas "sagradas escrituras" donde cualquiera pueda estudiar un conjunto de creencias, ni una ortodoxia para corregir a los que distorsionan la verdad, ni un canon donde se pueda despejar cualquier duda.

Por el momento, parece que cualquiera puede contribuir según su inspiración. En este sentido, el movimiento está lejos de tener una "teología". Su discurso puede sonar parecido al catolicismo del siglo XVI, o a las letras del heavy metal, o a la santería e incluso a la Nueva Era. Lucino García, líder del culto ubicado en Los Ángeles, que tiene un templo en Melrose Avenue, suele llevar a sus acólitos al campo para "hablar con nuestro hermano el río, absorber la energía de los árboles y escuchar el canto del río"; dogmatiza que la Santa Muerte "es la protectora de la creación de Dios" y que "está con Dios en todo momento". ¿A quién le importa la coherencia teológica? Lo importante es la autoridad y el liderazgo.

Los elementos comunes a las numerosas versiones del culto podrían ser:

UNO. La Santa Muerte es un ser espiritual con una existencia objetiva. En la jerarquía, parece tener un lugar inmediatamente después del Creador, o incluso en el mismo nivel.

DOS. La Santa Muerte tiene la capacidad de conceder cualquier milagro, no importa si es malo o bueno. A diferencia de los santos que suelen estar especializados en alguna categoría, la Santa Muerte no tiene ninguna especialización.

Tiene tanto la capacidad de hacer el bien como de perjudicar a los demás. Un elemento central en las aspiraciones de los creyentes es conseguir protección y cobijo, frente a la noción de abandono o inseguridad.

. . .

TRES. Aunque no distingue y recibe a cualquiera que se le acerque, sus preferidos son los que están en los márgenes de la sociedad: homosexuales, prostitutas, traficantes de drogas, transexuales, personas que están en la cárcel, habitantes de los barrios bajos, etc.

CUATRO. Para ser "aceptado" por la Santa Muerte, no hay que temerla (tenerle miedo puede herir sus sentimientos) y hay que "adoptarla" como un miembro más de la familia; es decir, tener la figura en casa, normalmente en una habitación. Una vez dentro, todos deben referirse a ella como madre, hija, hermana o madrina. "La cosa es tratar a la imagen como un miembro más de la familia y estar cerca de ella sin miedo ni falta de respeto. La Santísima tiene un trabajo triste y doloroso, por lo que espera ser tratada con alegría y cariño, algo que es muy normal para la personalidad mexicana. Cuando una persona. es informada del culto, lo primero es (...) debe retractarse si tiene algún temor. La Santa Muerte debe ser tratada como una persona real, por lo que es muy común (...) hablarle a la imagen en voz alta o beber junto a los altares".

. . .

CINCO. La Santa Muerte es una figura caprichosa y vengativa, una "perra" (cabrona), y prefiere que le ofrezcan "cosas buenas": tequila, mariachis, mole y dulces. Precisamente la comida que le gusta a los mexicanos. (Hasta ahora no se ha informado de que la Flaca disfrute del borsch.) Le gusta llevar varios anillos en cada dedo y collares de fantasía. Es vista como una figura femenina de autoridad y fuerza, a la que hay que mantener contenta y evitar hacerla enfadar.

SEIS. Uno puede negociar favores con la Santa Muerte, no importa cuáles sean, pero si el devoto no cumple con su parte del trato, puede esperar una terrible venganza. Es decir, los regalos no son gratuitos, sino más bien un intercambio, a veces diabólico. Por ejemplo, conseguir un trabajo, protección durante un crimen o incluso una victoria de la selección nacional de fútbol, puede costar a alguien la pérdida de un objeto de valor, la muerte de un hijo o una grave enfermedad para un familiar.

SIETE. Su identidad es objeto de debate. Algunos teorizan que es un arcángel, es decir, uno de los mayores poderes espirituales, pero sometido a Jesucristo. Otros la ven como un semidiós, que controla la vida de todos los seres del universo. Otros creen que la Santa Muerte es un alma del purgatorio, y por eso concede tantos favores, para que Dios la saque pronto.

Por último, hay quienes la ven como un demonio. Sin embargo, a falta de algo parecido a un consejo, nadie parece muy preocupado por tener una "santamuerteología". La Santa Muerte es lo que uno quiera que sea: una madre cariñosa, una "perra" o, en el caso de un narcotraficante, una cómplice que quitará cualquier piedra del camino.

5

Enemigos, competidores y rivales

EN LA MEDIDA en que la Santa Muerte ha atraído a hombres y mujeres de las filas del catolicismo, ha hecho avanzar nuevos dogmas y ha tomado prestado hasta el plagio, también se ha ganado la enemistad de la jerarquía católica. En cuatro ocasiones, el ministro de Cultura del Vaticano, el cardenal Gianfranco Ravasi, uno de sus hombres más influyentes, la ha calificado de culto de degeneración. Lo acusó de ser un culto narco-idolátrico disfrazado de religión. "Es necesario que todo el mundo ponga freno a este fenómeno, incluidas las familias, las iglesias y la sociedad en su totalidad. (Este culto) es la celebración de la devastación y del infierno", dijo en una entrevista para Aciprensa, una agencia de noticias de Perú.

. . .

Por su parte, Ezequiel Sánchez, ministro católico en Estados Unidos, expresó su preocupación al Chicago Tribune en 2008, después de que algunos feligreses le pidieran que bendijera sus estatuas de la Santa Muerte.

"Me preocupa porque es una aberración. Es un malentendido de la fe. Al mismo tiempo, puedo entender por qué está creciendo. Mucha gente, sobre todo los inmigrantes mexicanos, sienten que las instituciones les abandonan y se agarran a la ayuda espiritual donde puedan.

Cuando vienen a mí con la Santa Muerte, no me interesa por qué la veneran. Me interesa más saber cómo han llegado a ese punto".

Uno de los hechos más recientes ocurrió durante la visita del Papa Francisco I a México en 2016, donde el líder de la Iglesia católica expresó su preocupación por la existencia de "aquellos que se han dejado seducir por el poder del mundo" (una referencia no a los pobres, sino a los poderosos) y llevan "sus símbolos macabros", una clara alusión al culto a la Santa Muerte. Así que la jerarquía católica no sólo sospecha que existe una estrecha relación entre los crímenes violentos y la devoción a la Santa Muerte; la iglesia también se resiente de la descarada imitación de sus rituales y su lenguaje distintivo, así como del hecho de que el culto intente persuadir a sus devotos de que no es otra religión, sino parte de su misma creencia (católica).

Decenas de líderes y vendedores mienten a la gente diciendo que la fe en la Santa Muerte ha sido aceptada por el Vaticano. Y muchos lo creen. Así, no es raro encontrar imágenes de San Judas Tadeo (uno de los santos más populares en México) y crucifijos en tiendas y altares, junto a imágenes de la Flaca. En una fotografía del altar mayor de Tepito, la "Niña Blanca" convive pacíficamente con una colorida estampa de Santa Claus.

La otra gran oposición, mucho más proactiva, ha sido el gobierno mexicano. Su antagonismo creció cuando sus fuerzas de inteligencia empezaron a notar la relación -quizá no causal pero sí innegable- entre el narcotráfico y la aparición de altares en las carreteras; entre los asesinatos rituales y el crecimiento del culto en la capital y en el norte del país. Como vimos antes, la Secretaría de Gobernación negó la solicitud de David Romo como asociación religiosa, y cuando intentó volver a solicitarla con una imagen más positiva, su petición fue rechazada de nuevo. En 2009, el ejército mexicano comenzó a destruir altares en el norte, alegando razones como la falta de un permiso de construcción, y como parte de la lucha del gobierno contra las drogas, ya que a veces las autoridades se refieren a tales altares como "narcosantuarios". Algunos devotos protestaron, acusaron al gobierno de llevar una guerra religiosa y salieron a las calles de Ciudad de México, sin consecuencias.

La fiscalía de la capital del país, en el 2011 detuvo a una banda de secuestradores llamada "Los Aztlán", entre los que se encontraba el líder de la iglesia David Romo, y en 2012 arrestó a ocho personas por matar a dos niños y una mujer durante un culto a la Santa Muerte. Un documento del FBI publicado en 2013 atribuyó los asesinatos rituales a la "nueva versión" o "última variante" del culto.

Por último, el esqueleto sonriente es también una especie de propaganda antigubernamental. Los cárteles mexicanos han utilizado la imagen de la Santa Muerte para marcar territorio, para infundir miedo a la población, para decir "estamos aquí". Cabe destacar que parte de la población mexicana tiene una actitud similar hacia los poderosos cárteles y la Santa Muerte: una combinación de miedo, admiración, sumisión y patrocinio. Ambos son, en el imaginario popular, dispensadores de muerte, entes de los que no se debe hablar mal, pero si se muestra respeto, se pueden recibir favores de ellos. Y al igual que con el "Flaco", todo el mundo sabe que pedir ayuda al crimen organizado significa entrar en una relación de alto riesgo.

Todo lo anterior parece indicar que Estados Unidos y México, pero sobre todo este último, seguirán combatiendo activamente la "versión criminalizada" de este culto y vigilando de cerca la popular.

6

Toma un trozo, pero no demasiado

Una de las ofrendas más populares en los altares de la "Niña Blanca" son los billetes de un dólar, y a veces de mayor valor. Pero siempre dólares, no pesos. El peso mexicano no vale nada para ella (entre 2006 y 2016, la moneda mexicana se ha devaluado un 70% frente al dólar). Le encanta el billete verde. Y también a los que encontraron en el culto una maravillosa oportunidad de ganar dólares. Hoy la Santa Muerte es un negocio multimillonario. Mientras siga consiguiendo adeptos con poder adquisitivo, la inversión y el comercio en torno al culto -que por el momento nada parece detener- seguirán floreciendo.

En los mercados populares de prácticamente todas las capitales de los estados mexicanos hay tiendas que venden artículos: velas, escapularios, libros, sellos, ropa, cinturones, bolsos, zapatos, anillos, revistas, carteles, de todo.

En los días de gloria de David Romo, pedía limosna sin reparos. "El martes es mi cumpleaños", dijo durante una de sus misas, "y necesito unas gafas nuevas especiales que cuestan 500 dólares. Aquí está mi cesta". Para México no hay datos sobre el volumen de ventas; los vendedores de estos productos se mueven en la economía informal, pero en Estados Unidos, donde todo se convierte en producción en masa, hay alguna información que puede darnos una idea de la magnitud de la industria.

La Santa Muerte es un "negocio global (que) va desde la producción en masa de estatuas en China y México, hasta una costurera salvadoreña que trabaja en su casa de Los Ángeles, confeccionando vestidos de 1.000 dólares por encargo para las estatuas de la Santa Muerte de sus ardientes seguidores", escribe Ana Facio-Krajcer para The Washington Post. Grandes minoristas como Amazon, Wal- Mart y Sears ofrecen todo tipo de velas, estatuas, collares, ropa y libros. En el sitio de Amazon, por ejemplo, es posible encontrar pendientes de oro de 14 quilates (763 dólares) en su sección de joyería, e incluso una "Biblia de la Santa Muerte", en cuya descripción editorial podemos leer que fue escrita por Fray Bernardino de Sahagún (1499-1590), uno de los primeros evangelizadores de América. La imaginación de un empresario no tiene límites. ¿Qué importa inventar una pequeña mentira si ayuda a vender?

"Los distribuidores y fabricantes de productos espirituales y esotéricos conocen la comerciabilidad de la Santa Muerte desde hace años, pero los proveedores de la costa Oeste y Este dicen que las ventas de productos de la Santa Muerte han subido en los últimos años", añade Facio-Krajcer, y cita el caso de dos fábricas, una en la costa Este y otra en la Oeste. Las ventas de productos de la Santa Muerte en los últimos cuatro años aumentaron un 30%, hasta alcanzar 1,5 millones de dólares al año.

Así, más que un romántico y ancestral culto a los desposeídos, la Santa Muerte es un masivo negocio global que involucra la producción masiva de estatuas en dos continentes, e incluso modestas presentaciones de libros en el altar de la calle Alfareros, en el barrio de Tepito, bajo el auspicio de Doña Queta. Tal vez no para los aterrorizados y empobrecidos habitantes de Tepito, pero sí para las grandes corporaciones y tiendas de comercio electrónico, la Santa Muerte ha sido aparentemente benévola, y ha dispensado los tan necesitados dólares, mientras los grandes inversionistas chinos y estadounidenses salivan. ¿Cuánto tiempo pasará antes de que el "Flaco" esté en la bolsa de valores?

7

La Santa Muerte en su conjunto

A PRIMERA VISTA, es fácil decir que la Santa Muerte es un "culto a la crisis", que se ha expandido debido a las condiciones cada vez más difíciles de la familia mexicana. En México, el crecimiento real per cápita ha sido prácticamente nulo en los últimos 15 años. Según los últimos datos del gobierno mexicano, el umbral de la pobreza descendió ligeramente, pero aumentó en Ciudad de México, donde se concentra la mayor parte de los devotos. Recientemente, la tasa de divorcios alcanzó su cifra más alta desde que el gobierno publica estadísticas. En materia de seguridad, desde 2007 más de 164 mil personas han muerto de manera violenta en alguna acción relacionada con el narcotráfico, más que en las guerras de Afganistán e Irak juntas (Reuters, 2016).

. . .

Pero la Santa Muerte no tiene las características de un movimiento apocalíptico, que aparecen en momentos de gran tensión dentro de un grupo social. Los adeptos a los cultos de crisis creen que pertenecen a lo selecto y que Dios (u otra deidad) está a punto de intervenir decisivamente en la historia para arreglar las cosas. Ningún seguidor de la Parca mexicana cree esto. A diferencia del cristianismo, el judaísmo y otras grandes religiones, el culto a la Santa Muerte no está interesado en la justicia social, la salvación nacional o la perfección espiritual.

Tampoco parece importarle mucho el destino final del alma.

Es más bien una práctica egocéntrica e individualista en el sentido de que busca protección y bienes materiales aquí y ahora, en relación con necesidades muy específicas que pueden ir desde lo muy legítimo hasta lo estúpido: conseguir un trabajo, salud para un familiar enfermo, la muerte de un enemigo, la sumisión total del ser amado o la victoria de la selección nacional de fútbol. La actitud lúdica de muchos devotos, su deleite en hacerla vestir como bailarina azteca, China Poblana, novia, jugadora de la selección nacional de fútbol, la convierte en una especie de muñeca Barbie para el populacho; una santa accesible y antisolemne.

Por otro lado, el culto existe desde hace al menos sesenta años.

Durante ese tiempo, el país ha experimentado dos crisis económicas (en los años 70 y 80) mucho más graves que la actual, así como episodios de represión, violencia política (en 1968) y guerrilla urbana (en la primera mitad de los años 70). ¿Qué es diferente hoy en día? Lo realmente nuevo es la recomposición del narcotráfico mundial y la poderosa presencia del crimen organizado en México, al punto que ha llegado a controlar ciertas microrregiones del país. Todo lo anterior, de la mano de la intimidación visual y el terror de su sangrienta propaganda. Afirmar que la presencia del crimen organizado llevó a la expansión del culto o, por el contrario, que fue el culto el que incitó a la violencia, requiere mucho más que mirar las estadísticas. Harán falta más estudios y desarrollos intensivos para comprender plenamente el movimiento moderno, los motivos de su expansión y el aspecto que tomará en el futuro. No hay razón para decir que el culto a la Santa Muerte es el movimiento de los narcotraficantes y el crimen organizado. Sería demasiado simple. La veneración tiene una historia más remota (años 50). Fue en algún momento de este siglo cuando los cárteles, formados por personas profundamente supersticiosas, sintieron que podían asimilar esta forma tan idiosincrásica del catolicismo, y quizás calmar, en el culto a la "Niña Blanca", la disonancia producida por el rechazo a la religión de sus padres. La variante actual es una corrupción del antiguo culto a la Santa Muerte, el que Lewis observó en Tepito en los años 50, que estaba más cerca de las nociones de devoción, sacrificio y milagro que de la violencia, la intimidación y la ambigüedad moral.

El amor por el tequila, el mariachi y la marihuana; la personalidad "astuta", violenta y vengativa, pero generosa al mismo tiempo; la ambigüedad moral que la gente le atribuye al esqueleto es un caso de libro de texto de proyección; el "Flaco" es un espejo donde se mira una parte de la sociedad mexicana. Por lo tanto, el culto podría describirse como una forma de catolicismo light, oportunista, poco exigente espiritualmente y poco original. Su único mérito es haber creado un personaje sui generis a partir de la tradicional calaverita mexicana; la misma calaverita que los niños mexicanos han disfrutado, comido y jugado durante generaciones. Si Posada talló su famosa Catrina para burlarse de quienes se tomaban la clase alta demasiado en serio, pero siempre sabiendo que el esqueleto era sólo una metáfora, entonces tal vez la Santa Muerte -o quienes están detrás de ella- se ríen secretamente de quienes en lugar de preguntarse qué significa el esqueleto, se toman el símbolo literalmente.

8

La Santa Muerte y la fuerza de las mujeres

En representaciones erróneas que son racistas y sexistas, como detallaré, la Santa Muerte ha sido reducida por las instituciones mencionadas a una "narcosanta", es decir, una santa adorada por los narcotraficantes, y la religión retratada como una que sólo siguen los hombres violentos y bárbaros. Esto malinterpreta el nuevo movimiento religioso. Ignora a las devotas que superan en número a los hombres en una proporción de 2 a 1, silenciando las súplicas de la Santa Muerte por parte de las mujeres. Son las mujeres las que estuvieron y siguen estando al frente de la expansión del nuevo movimiento religioso, especialmente las madres y las abuelas. Como afirmó Chesnut, subrayando la importancia de las mujeres en el inicio de la fe: las madrinas del culto, Doña Queta y Enriqueta Vargas, confirman que ven más mujeres y niñas en sus santuarios que varones También me di cuenta de que venían a ver al santo el doble de niñas y mujeres.

Mi investigación en la zona rural de Oaxaca entre 2018 y 2020 confirmó que el doble de seguidores son mujeres. En la zona donde realicé el trabajo de campo, todos los santuarios y capillas de la Santa Muerte fueron fundados y son atendidos por mujeres. No obstante, no se ha llevado a cabo ningún examen académico sobre la importancia de las mujeres en la expansión de este movimiento en expansión y cómo su fe es una manifestación de su creciente precariedad.

Exploraré el culto a la Santa Muerte por parte de las mujeres mexicanas en un espacio de violencia y muerte, contrarrestando la visión errónea de que el movimiento es un culto macabro y mal dominado que promueve las drogas y la violencia. Argumentaré que la devoción a la muerte es obra de las mujeres. Demostraré que las mujeres, a través de la Santa Muerte, han creado un movimiento matrifocal para hacer frente a la violencia y la muerte perpetradas por los hombres y el Estado dominado por los hombres. También detallaré cómo las mujeres, típicamente acorraladas en la esfera privada, han surgido en la arena pública como líderes en el dominio de la devoción a la muerte.

Los miedos y ansiedades de las mujeres mexicanas son muchos, entre ellos lidiar con la muerte de sus seres queridos, sobrellevar la angustia relacionada con la violencia y preocuparse por su propia seguridad y la de sus hijos en un país donde la violencia de género y la narcoviolencia son habituales y se tratan con impunidad. A través de la Santa Muerte, las mujeres han creado una tanatología ginocéntrica para hacer frente a la brutalidad de la poscolonia mexicana.

La muerte en México es un ámbito femenino tanto cultural como empíricamente. La mujer ha estado vinculada a la muerte desde hace mucho tiempo, ya que la identidad femenina está asociada a la liminalidad del parto, la sexualidad y la pasión. Figuras femeninas como la Santa Muerte, La Calavera Catrina y la Llorona simbolizan esto. A nivel práctico, la muerte es un trabajo de mujeres. Son las mujeres las que organizan y dirigen los grupos de búsqueda de los desaparecidos. También son las mujeres las que organizan los ritos funerarios, preparan la comida y limpian. Los hombres "nunca ponen un pie dentro de la casa, ni recitan una sola palabra de oración". El ámbito de la religiosidad popular proporciona recursos culturales a "las mujeres... que suelen estar marginadas en la esfera pública". Norget señala cómo las mujeres de México están excluidas de los ámbitos "racionales y exteriores" de la vida pública y, en cambio, están ancladas en el hogar donde se celebran los ritos funerarios. Los funerales crean oportunidades para el "liderazgo femenino... las mujeres crean nuevos centros sociales y asumen nuevas responsabilidades para la orientación... de las relaciones sociales de la comunidad".

A través de la Santa Muerte, las mujeres han creado nuevas oportunidades para sí mismas y han apoyado a sus comunidades. Han establecido santuarios adyacentes a sus casas que han atraído a un gran número de seguidores, pasando del espacio privado al público. Además, estas mujeres líderes han adquirido independencia financiera, poder y prestigio en sus comunidades locales. La devoción de las mujeres a la Santa Muerte externaliza su precariedad a una santa popular femenina que ellas forjan a su propia imagen y que imaginan que las cuida en un espacio inclusivo y curativo que contrarresta el violento narcoestado patriarcal mexicano que está "fundado en torno a la exclusión de las mujeres".

. . .

Este capítulo se basa en el trabajo de campo realizado en Oaxaca, México, entre 2018 y 2020, trabajando con mujeres devotas de la muerte -que serán conocidas como Santa Muertistas- en dos santuarios. También se basa en un trabajo previo de colaboración con un estudioso de los estudios religiosos, con una investigación que abarca todo México. Comenzaré con una visión general de los conceptos erróneos de la Santa Muerte. A continuación, describiré quién es la santa y esbozaré la doctrina de la muerte. Posteriormente, relataré las historias de las fundadoras y seguidoras de la Santa Muerte para demostrar que la devoción a la muerte es obra de mujeres.

Ciertas exploraciones académicas de los Santa Muertistas han reificado tales asociaciones, centrándose en los elementos criminales, como el estudio de Kristensen sobre la Santa Muerte como un "culto" al que se adhiere la población penitenciaria masculina, en el que afirma que la veneración de la Santa Muerte explotó en las prisiones de la Ciudad de México en la década de 1990.

. . .

Este enfoque silencia la importancia del papel de las mujeres en todo el país en el inicio y la expansión de la religión. Sabemos que la primera oración registrada a la Santa Muerte fue para que las esposas o novias agraviadas "devolvieran a su marido o novio descarriado" humillado a sus pies. Esto sugiere que, desde el principio, el movimiento estaba motivado por mujeres que buscaban controlar a los hombres que se comportaban mal. Además, como describiré, la devoción a la muerte se hizo pública cuando una mujer, Doña Queta, creó el primer santuario público junto a la calle en noviembre de 2001.

La "religión imaginada" de la Santa Muerte producida por la cultura popular tiene poco que ver con la práctica real de la mayoría de los devotos.

La Santa Muerte, al igual que el Vodou, ha sido devaluada en gran parte de los medios de comunicación occidentales como una pseudoreligión desviada de una manera "destinada a evocar el terror... sin entrar abiertamente en el discurso racista" difundiendo y reforzando tropos racistas centenarios "del Otro bárbaro" mientras se ignora a las mujeres que rinden culto a la muerte y se explora por qué lo hacen.

La Santa Muerte

. . .

Hay que centrarse en las seguidoras de la santa popular, ya que son el eje de la fe, como hemos visto, y superan en número a los devotos masculinos en una proporción de 2 a 1. El carácter complejo y multifacético de la Santa Muerte es la concrescencia de las múltiples facetas, necesidades y experiencias de las mujeres mexicanas. Un análisis de cómo y por qué las mujeres veneran a la Santa Muerte revela las dificultades sociales, económicas y políticas a las que se enfrentan, y cómo, en respuesta, las mujeres reconstruyen la espiritualidad femenina para renegociar su lugar en el mundo y reencuadrar su comprensión del mismo a través de una tanatología ginocéntrica.

A diferencia de la Virgen María o de los santos católicos oficiales, la Santa Muerte es amoral. El nuevo movimiento religioso es inclusivo. Se dice que la muerte no juzga a nadie, ya que viene a todos, sin importar el color ni el credo. La santa popular está abierta a todo tipo de peticiones de personas de todos los orígenes, géneros y orientaciones sexuales.

La Santa Muerte comparte algunas de sus cualidades con la Virgen de Guadalupe, que es una advocación mexicana de María de piel morena. Se dice que se le apareció a Juan Diego, un azteca convertido al cristianismo, en una visión en 1531. Desde entonces, la Virgen se ha convertido en la figura religiosa femenina más popular de México, desempeñando un importante papel como símbolo nacional de México, pero cada vez más, muchas mujeres se han alejado de la Virgen para adorar a la propia Muerte, como se detallará.

Al igual que la figura mariana, se cree que la Santa Muerte está dotada de cualidades maternales y que cuida de sus devotos recompensándolos con generosos milagros.

Es posible que sea gentil y dulce como Guadalupe. Por otro lado, tal y como recoge Chesnut, los devotos la han descrito como "una cabrona", un hacha de guerra, "como nosotros". Una devota que conocí regalando flores a la Santa Muerte en un santuario de la zona rural de Oaxaca me describió a la Santa Muerte como "una chingona", una mujer mala con la que no te metes. Esos términos nunca se utilizarían para describir a Guadalupe, que, según los devotos, es casta, pura y tiene una "actitud humilde".

. . .

En México, "los ideales católicos romanos del hombre proveedor y protector y de la esposa virginal y hogareña son comúnmente suscritos por hombres y mujeres de todas las clases sociales" y la influencia cultural de la Virgen como modelo para las mujeres es fácilmente evidente. Sin embargo, las mujeres no son "titulares pasivas de roles de género socialmente atribuidos, sino que son individuos que toman decisiones". Creo que las mujeres, al crear el movimiento de la Santa Muerte, han reformulado conscientemente sus roles de género y su identidad a través de este icono, alejándose de las normas de género católicas romanas y de las presiones sociales de castidad y sumisión para reformular un nuevo sentido de la feminidad.

En la mitología, la Santa Muerte no se imagina como una virgen; en consecuencia, se dice que está abierta a las oraciones de naturaleza sexual y a las peticiones de las mujeres de todas las orientaciones sexuales. Imaginar a la santa de esta manera permite a las mujeres aceptar su sexualidad, en lugar de asociarla con el pecado, como en la retórica católica romana. Además, aunque sea cariñosa, la Santa Muerte también puede ser iracunda y vengativa. Los Santa Muertistas cuentan que castiga a los que no respetan sus juramentos a ella y que dispensa muerte y destrucción a los enemigos de sus devotos.

Su personaje polifacético, tierno, pero también truculento, es una proyección de las mujeres mexicanas que le rinden culto. Con igual dulzura y ferocidad maternal, protegen a sus hijos y a su hogar. Muchas de estas mujeres ya no están dispuestas, o no son capaces, de emular la actitud humilde y servil de María y poner la otra mejilla cuando la muerte y la violencia las visitan a ellas y a sus familias, como describiré.

No existe una Iglesia de la Santa Muerte única y unificada, equivalente a la Iglesia católica, aunque, como detallaré más adelante, una fundadora creó un ministerio transnacional. A pesar del gran número de santuarios que se han abierto, no existe un clero oficial, sólo líderes de laissez-faire que son en su mayoría mujeres. La Santa Muerte no tiene doctrina. Además, el nuevo movimiento religioso no exige la abstinencia sexual ni la abstemia, ni impone normas morales.

Como la fe no tiene una escritura fundacional, como la Biblia, en la que los roles de género estén demarcados en términos de jerarquía y como la fe gira en torno a una santa, no disminuye el género femenino. En todo caso, es matrifocal y ofrece una representación del género femenino como poderoso, activo y dominante.

Aunque muchos Santa Muertistas también adoran a Dios, para aquellos con los que hablé, la Santa Muerte, como personificación femenina de la muerte, es prepotente e independiente. Una devota me detalló que "las mujeres traen la vida a este mundo, por supuesto tiene sentido que una mujer también la quite". Cuando le pregunté sobre qué tipo de mujer es la santa, estipuló que "es dura y líder". Mientras que la Virgen era descrita como una esposa humilde, de la Santa Muerte se decía que era "soltera, sin compromiso". Como describiré, esto ha inspirado a líderes femeninas, como Doña Elena, a deleitarse con su autonomía e independencia de los hombres.

Esta actitud liberada hacia la religión, centrada en una divinidad femenina omnipotente, sin intermediarios masculinos como sacerdotes o pastores que supervisen los rituales, resulta atractiva para las devotas que crean sus propios espacios espirituales libres de los dictados masculinos del culto de la Iglesia católica, reclamando así su autonomía al tomar sus prácticas religiosas en sus manos.

En un país en el que las mujeres han sido en gran medida subordinadas por las instituciones masculinas, esto es un factor de empoderamiento.

Mientras que las mujeres impregnan a la Santa Muerte con sus características y cualidades en la forma en que la imaginan, dialógicamente, la fuerza que refleja en ellas las empodera a su vez. Abby me dijo que la feroz personalidad femenina de la santa le infundió temeridad, para afrontar sus miedos y enfrentarse a los hombres. Una vez que crees en ella, tienes menos miedo", dijo. Para Victoria, la poderosa figura femenina le dio la confianza necesaria para abandonar el hogar de su infancia y escapar del tío maltratador que la había criado. La Santa me dio un sentido de autoestima y la fuerza necesaria para dejar a mi tío, que llegaba regularmente a casa borracho y drogado y me pegaba hasta dejarme ensangrentada y magullada".

A pesar de las prácticas divergentes, existen ciertos puntos comunes rituales y litúrgicos. Por ejemplo, se cree que las estatuas y exvotos de la Santa Muerte tienen usos específicos según su color. Los altares y santuarios son fundamentales. La mayoría de los devotos tienen un altar y visitan regularmente los santuarios locales para dejar ofrendas. Como detallaré, para muchas mujeres, sus santuarios públicos evolucionaron de forma natural a partir de altares privados cada vez más amplios y han sido el medio a través del cual han salido a la palestra pública alcanzando fama y seguridad económica.

Las mujeres, especialmente las madres y las abuelas, han sido figuras fundadoras que han establecido capillas abiertas al público y que han catalizado la expansión de la devoción a la Santa Muerte. La persona más famosa que hizo pública la devoción a la Santa Muerte es Doña Queta, también conocida como Enriqueta Romero. Doña Queta, un ama de casa pobre, instaló un pequeño altar en el rincón de su cocina desde donde vendía quesadillas a los lugareños, en Tepito, Ciudad de México, para intentar ganar un poco de dinero. Al ver el altar adornado con una efigie de la Santa Muerte y objetos de culto, pidieron dejar ofrendas. Doña Queta estaba preocupada por el encarcelamiento de su hijo en la cárcel. Las cárceles mexicanas son lugares peligrosos donde la amenaza de una muerte violenta está siempre presente, a quién mejor apelar que a la propia muerte para manumitir a su hijo y disminuir el riesgo de su desaparición que a la Santa de la Muerte. Las oraciones de Queta fueron escuchadas. Su hijo fue liberado. Dado que las ofrendas desbordaban su cocina y para agradecer al santo, el 1 de noviembre trasladó su altar a la calle. Queta decidió reinvertir los donativos de los devotos en su ampliación. Pronto se convirtió en un gran santuario de renombre. Desde hace 10 años, es un lugar de peregrinación para los Santa Muertistas. A Doña Queta hay que atribuirle el mérito de que la devoción a la muerte se haya hecho pública, especialmente en la Ciudad de México. Antes, la Santa Muerte seguía siendo una fe popular secreta, practicada a puerta cerrada. Aunque Doña Queta es ahora una figura famosa, los medios de comunicación siguen fijándose en los narcos como principales protagonistas de la Santa Muerte.

Cuando los medios de comunicación cuentan su historia, muchos autores, como Washburn, parecen disminuir en lugar de destacar el poderoso papel de Queta:

"A sus 70 años, diminuta... es una de las cruzadas religiosas más improbables que existen... Maldice; hace gestos dramáticos con las manos; recientemente, para conseguir que unos mormones en su puerta se largaran, la abuela les dijo que era una stripper... Aunque Romero es ahora reconocida internacionalmente, no es como si estuviera WhatsAppeando al Papa. Se pasa la mayor parte de los días en su casa haciendo el tonto con un delantal, y ha vivido en la misma casa toda su vida".

Este discurso niega, en lugar de afirmar, el papel de Queta como persona dominante y dinámica que ha moldeado activamente la cultura religiosa a pesar de su edad, su género y la falta de oportunidades económicas en un país en el que las mujeres, sobre todo en sus últimos años, están "situadas al margen del mundo [lo que no es] una situación favorable". Términos como "diminuta" e "improbable" son denigrantes. A pesar de su papel público como portavoz de la Santa Muerte, se emplean palabras como 'delantal' y 'misma casa', que simbolizan la domesticidad femenina, como si Queta estuviera apartada de la vida pública cuando ha surgido en primera línea a través de la Santa Muerte. El National Geographic describió a Doña Queta como "una mujer alternativamente feroz y maternal".

Lo que el National Geographic pasó por alto, un punto que es fundamental para entender a la Santa Muerte y a sus seguidoras, es que una mujer puede ser a la vez feroz y madre. De hecho, esta descripción resume las cualidades de la Santa Muerte, uniendo las de las mujeres que la veneran. Si, como escribió Feuerbach, "Dios... hizo al hombre a su imagen y semejanza", yo sostengo que las mujeres también hacen a la Diosa a su imagen y semejanza. Doña Queta, como madre cuidadosa, estaba decidida a ver a su hijo liberado. Al trasladar su santuario al ámbito público, y más tarde, al luchar contra las autoridades que amenazaban con derribarlo, defendió ferozmente sus creencias, así como la vida de su hijo, demostrando su devoción a la Santa Muerte con un gran gesto que hasta entonces nadie se había atrevido a hacer.

Doña Queta, que antes era una mujer empobrecida que vendía quesadillas en su cocina, ahora ha acumulado prestigio espiritual y capital financiero y social. Desempeña un papel vital en su comunidad. Los Santa Muertistas le piden consejo no sólo en asuntos religiosos, sino también en la vida. Ha adquirido protección contra la violencia que caracteriza a Tepito gracias a su papel fundacional en la germinación de la devoción a la Santa Muerte. Tepito es uno de los barrios más violentos de Ciudad de México, donde muchos policías ni siquiera se atreven a pisar.

. . .

La corrupción policial y la impunidad han creado inseguridad ciudadana, permitiendo que los grupos del crimen organizado se conviertan en el "equivalente funcional de mini-estados".

El marido de Queta, Raymundo, fue asesinado en 2016 por dos asaltantes armados. Su hermano, Rafael, también recibió un disparo, pero sobrevivió. Debido a su prestigio, Queta es considerada intocable. A sus ojos, el santo de la muerte la protege. En una ocasión, recuerda que se dirigía, a altas horas de la noche, a ver a su hijo herido de gravedad en el hospital. Ella y su grupo de amigas se cruzaron de repente con un grupo de atracadores; sin embargo, afirma que la Santa Muerte "los cubrió con su santo sudario" y pasaron desapercibidos.

Las quesadillas ya no son la fuente de ingresos de Queta; en su lugar, una tienda contigua al santuario suministra a los visitantes parafernalia de la Santa Muerte. Entre los ingresos de esta tienda y las constantes limosnas, donaciones depositadas por los devotos en la caja del santuario, Romero es económicamente independiente. Sin embargo, no ha sido fácil; Doña Queta ha sido atacada tanto por la Iglesia como por el

Estado, y las autoridades han amenazado con arrasar su santuario.

Mantener el santuario inmaculadamente limpio, asegurándose de que su efigie de la Santa Muerte esté siempre adornada con una peluca impecablemente peinada y vestida con un traje nuevo cada mes, es un trabajo intensivo, pero es una labor de amor. La muerte es un trabajo de mujeres: A Doña Queta se la puede ver día tras día limpiando velas viejas, vistiendo a su santa y desechando antiguas ofrendas. Es ferozmente fiel a la Santa Muerte, una santa que en las descripciones de su aguerrida pero bondadosa persona condensa las cualidades de la dueña del santuario que fue la primera persona que se atrevió a demostrar su devoción a la muerte en el ámbito público.

Enriqueta Vargas se angustió cuando su único hijo, Jonathan, fue asesinado impunemente en 2008 cerca de una inmensa estatua de la Santa Muerte que él había ayudado a erigir en Ciudad de México. Aunque Enriqueta no era devota de la Santa Muerte como su hijo, y veneraba a la Virgen de Guadalupe, hizo un pacto con la Santa Muerte. Prometió que extendería la reputación de la Santa Muerte si ésta hacía justicia a los sicarios que mataron a su hijo. Los acontecimientos de los meses siguientes a su súplica se desarrollaron de tal manera que Vargas sintió que la Santa Muerte había respondido a su petición. Vargas transformó la devoción a la muerte, estableciendo su propio ministerio, el primero de este tipo, llamado Santa Muerte Internacional. 4 Esta organización cuenta con una red de santuarios repartidos por todo el continente americano.

Se convirtió en una portavoz pública que adquirió un importante estatus social, prestigio espiritual y capital financiero. Como he dicho, la devoción a la muerte es un trabajo de mujeres. Enriqueta trabajó incesantemente en la promoción de la Santa Muerte, llegando a celebrar bodas y bautizos como sacerdotisa de la Santa Muerte.

En noviembre de 2015, comenzó a ofrecer la extremaunción en su templo de Tultitlán. Sin embargo, es la única persona que ofrece este servicio. Es extremadamente raro que una familia entera sea devota de la Santa Muerte. Como descubrí en Oaxaca, los miembros de la familia suelen tener opiniones opuestas sobre la Santa Muerte, algunos pueden ser devotos e incluso considerar a la santa una figura católica, otros pueden ser indiferentes, mientras que otros pueden considerar la fe como satánica y no católica. Debido a esta disyuntiva, los funerales se celebran necesariamente a la manera tradicional del catolicismo mexicano y no incorporan elementos de la fe de la Santa Muerte, ya que esto alejaría a los que no se adhieren o incluso temen esta fe popular y crearía tensiones familiares.

La historia de Vargas, de cómo ella, como antigua adoradora de Guadalupe, acudió a la Santa Muerte devastada por la violenta desaparición de su hijo, demuestra que la humilde Virgen ya no es la primera figura a la que acuden las mujeres cuando se enfrentan a la muerte.

La Santa Muerte se representa a menudo en la iconografía con una balanza en la mano izquierda, mientras blande su guadaña en la derecha. Esto denota su papel de impartir justicia a los devotos agraviados, como en el caso de Vargas. Los Santa Muertistas creen que la santa actúa como juez, jurado y verdugo. También puede prolongar la vida. Ante la impunidad del Estado frente a los asesinatos y la violencia, y la exclusión de las mujeres del espacio público, acuden a la figura femenina de la muerte en busca de justicia.

Zaniyah, una devota de la Santa Muerte a la que conocí encendiendo una vela blanca por su marido, me contó cómo se preocupaba a diario por su seguridad y rezaba a la Santa Muerte para que le dejara vivir. Con tres hijos que alimentar y sin ingresos propios, su muerte supondría un desastre, no sólo por la precariedad económica, sino también por los posibles peligros físicos, ya que las mujeres solteras corren un mayor riesgo de sufrir violencia.

Juan es un vendedor ambulante que pasa mucho tiempo en la carretera. Zaniyah me describió los riesgos de su trabajo: "Los cárteles y los delincuentes asaltan con frecuencia las furgonetas de los vendedores. Roban la mercancía y matan a todos los que van en el vehículo". Le pregunté a Zaniyah por qué veneraba a la Santa Muerte.

Me respondió: "porque lo único seguro que hay es la muerte".) En la postcolonia, las mujeres temen constantemente la muerte y la violencia, y es la única verdad. Son conscientes de la impunidad, como se ha detallado, con la que se trata la violencia hacia y el asesinato ya sea de hombres, mujeres o niños. En Oaxaca, los niños desaparecen con frecuencia. No están exentos de la brutalidad.

· · ·

El 60% de las mujeres que desaparecen en la región tienen entre 7 y 17 años. La señora Xiadani es una Santa Muertista y abuela de varios niños. Se convirtió en una rápida amiga por su sentido del humor, su calidez y por tentarme con deliciosos tamales caseros. Un día, después de encontrármela en el santuario local de la zona rural de Oaxaca, me propuso que fuéramos a una cafetería local a charlar. Nos sentamos a disfrutar del sol y de un café. A la 1.30, se levantó bruscamente y me dijo que debía apresurarse a recoger a su nieta de la escuela. Si no lo hacía, dijo, alguien podría violarla y asesinarla. Alguien podría secuestrar a la niña y venderla para que se prostituya.

Alguien podría extirparle el corazón, los riñones, los ojos y el hígado para venderlos a los blancos adinerados para su hijo enfermo. La niña podría desaparecer sin ninguna explicación, y la policía no haría nada al respecto. La vida de las mujeres, en particular, explicó, "no vale nada, excepto para los que ganan dinero con ella".

Xiadiani culpó a los narcos. No son bienvenidos en mi pueblo", exclamó, "los campesinos luchan con sus machetes contra los narcos, pero nosotras, las mujeres, también lucharemos, cogeremos nuestros garrotes y los estrangularemos si es necesario, pueden venir con sus armas, estamos preparadas". Xiadani, al igual que Vargas, había crecido venerando a Guadalupe, pero ya no creía que la Virgen fuera lo suficientemente fuerte como para hacer lo que había que hacer para protegerla a ella y a sus seres queridos. En su descripción de la Santa Muerte como madre fuerte y cuidadosa, proyectó sus propios rasgos, así como su deseo y determinación de mantener a su familia y a su pueblo a salvo de cualquier daño, reafirmando que las mujeres hacen a la Santa Muerte a su propia imagen.

En 2019, la tasa de asesinatos en México escaló a 35.000 asesinatos confirmados. Además, como consecuencia de la guerra contra el narcotráfico, 65.000 personas han desaparecido desde 2006, lo que indica que la política del presidente Andrés Manuel López Obrador hacia los narcos, resumida en su máxima "abrazos no balazos", ha sido inútil. México también ha sido testigo de una creciente pandemia de feminicidios y violencia de género.

México ha sido nombrado uno de los países más peligrosos para las mujeres.

. . .

Cada 18 segundos, una mujer es violada, según la información facilitada por Mujeres en Red. Las cifras del gobierno registran que una media de 10 mujeres son asesinadas diariamente.

El número de feminicidios ha aumentado un 137% en los últimos años. Las autoridades mexicanas tienen definiciones nebulosas del feminicidio que permiten tratarlo con indulgencia. El Observatorio del Feminicidio, una coalición de 43 grupos que documentan los crímenes contra las mujeres, señaló que sólo el 16% de los homicidios de mujeres en 2012 y 2013 fueron clasificados como feminicidios; además, sólo el 1,6% resultaron en condenas. Muchos de estos asesinatos son llevados a cabo por agresores desconocidos"; sin embargo, muchas también son "asesinadas por alguien conocido".

En marzo de 2020, millones de mujeres se reunieron en todo México para protestar contra la violencia de género.

. . .

La campaña liderada por un colectivo feminista se tituló "Ni una más". La iniciativa surgió en Argentina a partir de un grupo que definió sus actividades como "un grito colectivo contra la violencia machista". El colectivo bautizó la campaña con una frase escrita en 1995 por la poeta y activista mexicana Susana Chávez: "Ni una muerta más".

Chávez escribió esta frase para protestar por los miles de feminicidios en Ciudad Juárez, donde vivía.

El cuerpo de Chávez y su grave mano fueron encontrados en enero de 2011: había sido estrangulada hasta la muerte y su cabeza estaba cubierta por una bolsa negra. Las autoridades estatales trataron su asesinato con impunidad, negándose a catalogarlo como un feminicidio más o a vincularlo con su trabajo como activista, afirmando que era el resultado de la juerga de un grupo de jóvenes en estado de ebriedad.

Como señala Speed, "miles y miles de mujeres y niñas han sido asesinadas en los últimos años, sus cuerpos arrojados como si fueran desechos en montones de basura, barrancos y lotes vacíos". El feminicidio parece ser la manifestación extrema de "una serie de violaciones de los derechos humanos de las mujeres" en

México. En la retórica pública se ha culpado en gran medida a las víctimas de la violencia de género: por estar en el lugar equivocado en el momento equivocado. La policía de Juárez, por ejemplo, relató a los angustiados familiares y amigos de las mujeres y niñas desaparecidas que lo más probable es que llevaran "una doble vida".

Durante la protesta "Ni una más", las mujeres arremetieron contra la retórica de la culpabilización de las víctimas al corear una canción que ha circulado por toda Latinoamérica: "Un Violador en tu Camino".) La letra afirma en una parte: "Y la culpa no era mía, ni dónde estaba ni cómo vestía". Las mujeres también denuncian la complicidad del Estado patriarcal en la violencia, de la que están excluidas. La letra continúa con el siguiente oprobio 'El patriarcado es un juez que nos juzga por nacer, y nuestro castigo es la violencia que no ves'.) La letra de la canción declara más tarde: "El violador eres tú. Son los policías, los jueces, el Estado, el Presidente. El Estado opresor es un macho violador' el violador eres tú, la policía, los jueces, el Estado, el Presidente, el Estado opresor es un macho violador).

. . .

A pesar de las protestas en todo México, López Obrador ha respondido a la ira de las mujeres con apatía, quejándose de que las protestas distraen del sorteo de su avión presidencial. La violencia contra las mujeres es una expresión del poder masculino. Los comentarios del presidente reificaron esto último, subrayando cómo las mujeres están subordinadas al poder no sólo físico sino también institucionalizado de los hombres a través de "desigualdades reales y simbólicas". En México, existe una "omnipresencia del género en la esfera pública" que sirve como "mecanismo de violencia" para circunscribir y controlar, al tiempo que excluye "lo femenino" de la esfera pública de "la política, la economía y la cultura".

Sin embargo, a través de la devoción a la muerte como dominio femenino, como hemos visto, las mujeres han surgido en el espacio público como líderes religiosas. Crean una cultura espiritual a través de sus santuarios, reclamando y volviendo a crear un espacio de género. La fe en la Santa Muerte ha sido formada por las seguidoras en una tanatología ginocéntrica dentro de la cual se expresan y enfrentan las ansiedades sobre la muerte y la violencia. Además, al enfatizar la identidad femenina de la Santa Muerte, a pesar de reconocer que la violencia es perpetrada por los hombres, las mujeres han reclamado la muerte, al cierre de todo, como un ámbito femenino.

La Santa Muerte permite a las mujeres hacer frente a las experiencias de violencia de género y crear espacios y modos de curación, como pude comprobar a través de María. Ella acudió al santuario de la Santa Muerte para encender velas y rezar. Tiene 26 años y es originaria de Veracruz, donde se ha criado como católica y su familia venera a la Virgen de Guadalupe. Le pregunté a María por qué era devota de la Santa Muerte. Me contó que hace 5 años fue secuestrada por un grupo de hombres; sospechaba que eran miembros del cártel. Durante días no vio la luz del día. Fue torturada y violada por numerosos hombres. María sabía que acabarían matándola. Antes de esto, había oído hablar de la Santa Muerte, pero no era devota. Todos los días imploraba a la santa popular que la ayudara a escapar con vida, prometiendo a la Santa Muerte que se haría un tatuaje de ella.

Una noche, cuando sus captores estaban distraídos, se presentó una oportunidad. María pudo huir. Nueve meses después nació su hijo.

. . .

La Santa Muerte

Cuando la vi por primera vez, tuve miedo, no quería ni mirarla. Pero algo se apoderó de mí. Dije, déjame verla. Todo mi miedo se desvaneció, tenía mi cara y supe que por alguna razón la Santa me la había enviado'. Después de esto, María compró una estatua negra de la Santa Muerte y abrazándola le dijo 'Por favor, protégeme, me has liberado y ahora me tatuaré para ti'.

María tenía cicatrices de la paliza y en ellas hizo tatuar a la Santa Muerte, que creía que la protegía y sanaba. Montó un altar en su casa. Me dijo que la Santa Muerte la cuidaba como una madre y que cada vez que alguien le hacía daño la santa se vengaba de él. Creía que la Santa Muerte también había castigado a sus violadores. Le pregunté si las mujeres tenían una relación especial con la Santa. Atrae sobre todo a las mujeres porque está dentro de nosotras", explicó.

Si la Santa Muerte está dentro de las mujeres, como explicó María, debe entenderse como una exteriorización de sus experiencias, miedos y deseos. Es una respuesta al mundo que habitan.

· · ·

Un análisis del seguimiento femenino de la santa popular es vital para comprender cómo la creciente precariedad de las mujeres se manifiesta en el cambio de patrones de creencia y praxis religiosa, es decir, el abandono -para algunas mujeres- de las advocaciones marianas de la Santa Muerte. Además, debemos reconocer la capacidad de las mujeres de crear espacios de sanación y empoderamiento para contrarrestar las experiencias tóxicas que tienen de muerte y violencia. La Virgen de Guadalupe, para muchas, ya no puede ofrecer a las mujeres el consuelo o la protección que buscan y sólo la propia muerte tiene el poder de concederles la vida.

Doña Elena es una mujer indígena zapoteca de más de 70 años que fue expulsada por su padre a los 12 años. Nunca aprendió a leer ni a escribir. Esto le ha dificultado encontrar trabajo; se ganaba la vida cosiendo hasta que estableció una capilla a la Santa Muerte. Inicialmente, instaló un pequeño santuario en 2003 para agradecer a la Santa Muerte la curación de una dolencia que la había consumido durante 12 años y para la que no había recibido atención médica adecuada. Cuenta que "una noche, mientras estaba en mi cama, llegó la muerte", pero no como ella esperaba. La muerte llegó volando desde la oscuridad, con un vestido largo, negro como la medianoche. La Santa Muerte le susurró que se curaría. Elena se despertó con una recuperación milagrosa. Elena, con la ayuda de su hijo, fundó el pequeño santuario junto a su casa con techo de zinc.

Con el tiempo, las donaciones de los visitantes al santo se utilizaron para ampliarlo. Cuando las autoridades destruyeron la pequeña carretera junto a la ermita y el propio santuario para dar paso a la construcción de una gran autopista, esto fue visto por Elena, no como una excusa para abandonar, sino como una oportunidad para construir una impresionante capilla. La iglesia de la Santa Muerte ha tenido un impacto en la población local, atrayendo a aquellos que no están familiarizados con la Santa Muerte o son reticentes a venerarla públicamente.

Gracias a las donaciones de los devotos, Elena puede no sólo mantener la capilla y añadirle adornos, sino también cubrir sus necesidades básicas.

Para Elena, al igual que para Queta y Vargas, la devoción a la muerte se ha convertido en un trabajo a tiempo completo y se ha convertido en el centro de su comunidad. Muchos la veneran como una persona espiritualmente poderosa. Sus bendiciones son muy solicitadas.

Incluso me sentí momentáneamente reconfortado por sus palabras en una noche oscura y tormentosa en la que tuve que volver a casa desde la capilla. Me dijo: "Que la Santa bendiga tu viaje y te mantenga a salvo". Al residir en la comunidad de la zona rural de Oaxaca, como becaria solitaria, hubo momentos en los que tuve miedo.

Fue entonces cuando empecé a entender por qué las mujeres adoran a la muerte. Al contemplar un día la mirada recatada y casi autosuficiente de la Virgen de Guadalupe en una capilla local y, más tarde, en la capilla de Elena, la mirada desafiante de la figura esquelética de la muerte mientras blandía su guadaña de forma amenazante, me di cuenta. Si tuviera que elegir una figura sobrenatural que me protegiera, a la que implorar -como la noche en la que estrellé mi coche en un camino de tierra negro en la selva donde habían asesinado a una mujer, y tuve que esconderme en la oscuridad mientras pasaban todoterrenos desconocidos potencialmente llenos de gente peligrosa-, sería una feroz deidad femenina cuyo poder superara el de aquellos a los que temía y que estuviera dispuesta a luchar con ellos hasta la muerte, si fuera necesario.

La Santa Muerte

. . .

Para Elena y Queta, mantener la capilla no ha sido fácil. Un sacerdote católico local la ha amenazado muchas veces y ha intentado arrasar el santuario. Una noche, la policía estatal asaltó la capilla y su casa. La amenazaron y la obligaron a ella y a su nieta a entrar en una habitación que cerraron con llave. Robaron fondos de la caja de donativos y profanaron el santuario, llegando a prender fuego a las manos de la estatua de la Santa Muerte favorita de Elena. Me cuenta que la Santa Muerte se vengó. Se enteró por la radio (no puede permitirse una televisión) de que la misma policía había asaltado un rancho. Resulta que tenía cámaras de seguridad. El dueño del rancho lo denunció y fueron castigados.

Al igual que Enriqueta Romero, Enriqueta Vargas y muchas de las devotas que he conocido, Elena es cariñosa pero feroz. Se dedica ferozmente a cuidar de su santuario y de su familia. No está dispuesta a poner la otra mejilla cuando le hacen daño a ella y a su familia. El personaje de la Santa Muerte como santa cuidadosa, pero a la vez luchadora y vengativa es la expresión espiritual de estas fundadoras y discípulas devotas de la muerte. Han creado un icono a su imagen y semejanza que representa las muchas dificultades que tienen las mujeres y la fuerza, la determinación y el carácter bondadoso que deben tener para sobrevivir y educar a sus hijos en un país donde la muerte y la violencia están siempre presentes. Las mujeres han emergido en el espacio público como líderes de sus comunidades en el ámbito de la muerte, contrarrestando la necropolítica mexicana con una tanatología ginocéntrica en la que la muerte como mujer tiene la última palabra.

Le pregunté a la señora Elena por qué venían tantas mujeres al santuario. Ella respondió: "vienen más mujeres porque tenemos muchos problemas. Es una lucha".) 'Las mujeres pueden valer poco para la mayoría aquí, pero no para la Santa. Nadie más escucha, pero ella sí.

Me paso horas hablando con ella. Vengo a la capilla y le cuento mis problemas y ella me escucha porque es mujer y ha sufrido las mismas dificultades". La santa es imaginada como una mujer, y como ellas, asume los roles que ellas desempeñan y entiende las injusticias y las dificultades a las que se enfrentan, porque como señaló Elena, nadie más lo hace. Las mujeres, enfrentadas al miedo cotidiano a la muerte y a la violencia, se impregnan de fuerza para afrontar sus miedos y lidiar con su dolor, ya que no tienen la posibilidad de elegir lo contrario. La Santa Muerte reivindica sus deseos de justicia y de una vida mejor, en lugar de, como la Iglesia católica, imponer la sumisión y la aceptación, o como el Estado, culpar a las mujeres víctimas de la violencia.

Centrado en una figura femenina omnipotente e independiente, el movimiento de la Santa Muerte infunde a las mujeres un sentido de autonomía. "Tal y como me ves ahora -me dijo Elena-, soy feliz. Vivo sola, pero no tengo miedo. Tengo todo lo que necesito con la Santa Muerte a mi lado. Los hombres no son más que problemas y no necesito su dinero. Esperan tanto de ti, hoy en día si mi hijo me pide que le cocine, le digo que lo haga él. Ya he cuidado bastante de los hombres, ahora la Santa me cuida a mí. Y Elena cuida de su Santa, día tras día, manteniendo el santuario meticulosamente limpio, ya que la devoción a la muerte es un trabajo de mujeres.

La Santa Muerte no es un mero objeto de veneración religiosa para los narcos varones, como lo pintan la Iglesia y los medios de comunicación. Tiene un atractivo especial para las innumerables mujeres que han estado al frente de la fe, ya sea como propietarias de santuarios o como devotas. Como se ha esbozado, los ritos funerarios en México son obra de las mujeres donde dentro del ámbito de la religiosidad popular surgen como líderes para guiar la relación social de la comunidad. Sugiero que la veneración de la Santa Muerte, al igual que los funerales, es un trabajo de mujeres. Es una labor espiritual que empodera a las mujeres y legitima su identidad de género La fe popular no discrimina por edad. Son las mujeres mayores, las madres y las abuelas, las que han fundado santuarios y ministerios clave, responsables de la expansión del movimiento. Estos santuarios han evolucionado, como hemos visto, a partir de sus propios hogares.

Son estas mujeres las que limpian a diario estos santuarios o atienden los ministerios, defendiéndose ferozmente de las autoridades masculinas en forma de figuras religiosas o estatales que las amenazan a ellas y a sus capillas.

Asumen poderosas funciones de liderazgo y orientación en sus comunidades, incluso, en algunos casos, en numerosos países.

. . .

Si el empoderamiento de las devotas se produjera sólo en el ámbito espiritual, podría ser fácil descartar la devoción a la Santa Muerte como un "opio de las masas" que apacigua a las mujeres que, de otro modo, podrían levantarse contra la violencia y la exclusión política. Sin embargo, como se ha aludido en los casos de Queta, Enriqueta y Elena, lo que ahora es el nuevo movimiento religioso de más rápido crecimiento no sólo en México, sino también en toda América, está dirigido en gran medida por mujeres que han acumulado capital espiritual, financiero y social. A pesar de vivir en un país en el que las mujeres están excluidas del ámbito público, han surgido como líderes respetadas gracias a su devoción a la muerte. Además, como hemos visto, a través de la Santa Muerte, las mujeres han creado espacios de sanación donde pueden expresar libremente sus quejas a una santa omnipotente que legitima su sufrimiento como mujeres.

La Santa Muerte es una fe libre, sin restricciones morales ni de comportamiento, sin estructuras de poder, sin sacerdotes oficializados, dictámenes ni escrituras. No existe un sesgo de género dentro de la fe, sino que es matrifocal, ya que la Santa Muerte se representa como una santa femenina. Aunque muchos devotos también rezan a Dios, como personificación de la muerte, la santa es vista como suprema. Este espacio espiritual se distingue de la iglesia regida por hombres y ofrece a las mujeres una sensación de poder que el estado patriarcal les niega.

Para las mujeres que tienen pocos medios y oportunidades y que lidian constantemente con la amenaza de la muerte y la violencia, una poderosa santa popular femenina les permite sortear las dificultades de la poscolonia, al tiempo que valida su identidad como mujeres. En resumen, como arma de los débiles, o quizás más exactamente como arma de las mujeres, la devoción a la Santa Muerte empodera a las mujeres mexicanas social, espiritual y económicamente.

9

Santa Muerte durante la pandemia por COVID-19

En todo el mundo, a principios de 2020, muchos países anunciaron el bloqueo, algunos incluso declararon el estado de emergencia debido al coronavirus. El COVID-19 es una enfermedad respiratoria potencialmente mortal, altamente contagiosa y que ha matado a cientos de miles de personas, sin cura conocida. En la mayoría de los países del mundo se ha alentado a los ciudadanos a mantener el distanciamiento social, es decir, a mantener en todo momento un espacio de dos metros entre ellos y las personas que no pertenezcan a sus hogares. También se les ha ordenado que permanezcan en casa y, en algunos países, los negocios que no se consideran esenciales, como restaurantes y peluquerías, han recibido instrucciones de cerrar sus puertas. Estas y otras medidas se han tomado mientras los gobiernos y los ciudadanos tratan de sofocar el alcance del virus.

Aunque han sido eficaces para evitar el contagio generalizado, estas medidas han afectado gravemente a la economía y a los medios de vida de muchas personas. La paranoia y el pánico por la pandemia en muchas naciones, como México, son el resultado de la convergencia de la incompetencia gubernamental, las teorías conspirativas y el miedo a las enfermedades graves y a la muerte.

Todos los seres vivos deben perecer inevitablemente; sin embargo, a lo largo de los tiempos, los seres humanos rara vez han aceptado su mortalidad ni la de sus seres queridos. Y la religión ha servido durante mucho tiempo como medio para tratar de evitar la enfermedad y la muerte o para aceptarlas, ya sea en México, Brasil o en cualquier otro lugar de América Latina. Una de las principales funciones de Jesús fue la de sanador, incluso se le podría calificar de chamán, como ha hecho Craffert, que afirma que sus principales funciones fueron las de curador, mediador y profeta. Este artículo subraya la importancia de considerar la religión en tiempos de pandemia como un mecanismo de supervivencia. Además, centrándose en la Santa Muerte, el santo de la muerte en tiempos de coronavirus, demuestra que incluso la muerte, como poder sobrenatural percibido, puede curar y prolongar la vida. Se trata de una idea antigua, pero que ha recibido escasa atención académica reciente.

Además, la idea ha estado a menudo en desacuerdo con las de las tradiciones cristianas, para las que la muerte es la finalidad; sin embargo, en Mesoamérica, la idea de la muerte como regeneradora de la vida es antigua.

En México, muchas deidades prehispánicas de la muerte, aunque también simbolizaban los reinos del inframundo o actuaban como psicopompos, eran propiciadas o aplacadas para retrasar la muerte e incluso traer la sanación.

Ah Puch era una deidad maya de la muerte que aparece en los códices asociada a la peste. En la época precolombina, si la muerte visitaba un hogar maya, se creía que los lamentos evitarían que Ah Puch se llevara otra alma.

. . .

Siglos después, se sigue propiciando la protección y la curación de la muerte desde COVID-19, esta vez en forma de Santa Muerte, una moderna santa popular de la muerte. Además, los mexicanos que han perdido su trabajo y se enfrentan a pruebas y tribulaciones también recurren a esta santa para sobrellevar las tensiones mentales. En un país en el que el Estado no tiene controlada la plaga de la narcoviolencia, y mucho menos la pandemia del coronavirus, quienes se preocupan por enfermar tienen pocas opciones más que recurrir a la muerte para vivir.

Dado que los proveedores de parafernalia religiosa se han apresurado a responder al nuevo y robusto mercado de estampas y velas de la Santa Muerte, que incluyen peticiones de protección contra el COVID-19, consideramos la muerte como médico en estos tiempos tumultuosos.

Comenzamos describiendo los atributos de la Santa Muerte, tras lo cual consideramos sus orígenes. Argumentamos que no sólo derivan de la tanatología prehispánica, sino que también provienen de los oscuros días de la Peste Negra en la Europa del siglo XIV. Sin esta comprensión de sus orígenes, no sólo europeos sino también indígenas, no se puede comprender la dualidad de sus poderes de vida y muerte. A continuación, se esboza la praxis y la creencia en la devoción a la muerte. A su vez, se ofrecen pruebas etnográficas que detallan el papel de la Santa Muerte en la pandemia de coronavirus. Esto subraya no sólo su papel como santa sanadora, contrarrestando las afirmaciones de que es simplemente una narcosanta, sino que también atestigua la plasticidad de la santa para adaptarse a l'air du temps. También consideramos cómo la veneración de la Santa Muerte permite a sus devotos estar dispuestos a tomar su huesuda mano cuando llega el momento de dejar este mundo. Como hemos señalado, el nuevo movimiento religioso se basa, al igual que la fe indígena, en la aceptación de la interdependencia entre la vida y la muerte. Para los devotos, esta epistemología tanatológica proporciona el marco para entender su realidad y la certeza de la muerte.

La mayoría de los estadounidenses y europeos occidentales reconocerían inmediatamente a la Santa Muerte como una especie de Parca femenina con orígenes en el catolicismo medieval. Los españoles ni siquiera tendrían que tener en cuenta su género, ya que su propia personificación de la muerte, conocida como "la Parca", es un esqueleto femenino. Los devotos mexicanos, sin embargo, son más propensos a considerar a la santa esquelética como una versión adaptada de una diosa indígena de la muerte, ya sea azteca, maya o purépecha. Por extraño que pueda parecer a los observadores extranjeros, para muchos mexicanos las realidades de la historia indígena y los mitos del nacionalismo convergen para dar al santo popular un lugar de nacimiento local en el México precolombino.

En la capital, la versión más común de la historia de la identidad indígena de la santa destaca sus supuestos orígenes aztecas. Más concretamente, se cree que la Santa Muerte se originó como Mictecacihuatl, la diosa azteca de la muerte que, junto con su marido, Mictlantecuhtli, gobernaba el inframundo, Mictlán. Al igual que la Santa Muerte, la pareja de la muerte era representada típicamente como esqueletos o cuerpos humanos con calaveras por cabeza. Los aztecas no sólo creían que los que morían por causas naturales iban a parar al Mictlán, sino que también invocaban los poderes sobrenaturales de los dioses para causas terrenales, como la curación.

Con su persecución de la religión indígena, la conquista española llevó la devoción a la clandestinidad y al sincretismo con el catolicismo. Así, según esta versión, sus túnicas y vestidos de estilo español, y sus accesorios europeos, la guadaña y la balanza de la justicia, no son más que una fachada que oculta su verdadera identidad azteca.

Tanto los pocos académicos mexicanos que la han estudiado como el antiguo padrino del culto, David Romo, sitúan los orígenes de la santa popular en la Europa occidental medieval. La antropóloga mexicana Katia Perdigón Castañeda, por ejemplo, escribe: "La historia del concepto actual de la muerte y su iconografía, reflejada en la Santa Muerte contemporánea, están más relacionadas con la religión judeocristiana (el catolicismo en este caso) que, con las voces olvidadas y desconocidas de los vencidos, es decir, de los pueblos prehispánicos". David Romo y otros ubican específicamente la génesis de la santa en la figura de la Parca del catolicismo europeo medieval.

La Parca se originó durante una pandemia no del todo diferente a la que estamos viviendo ahora, aunque con los avanzados cuidados médicos actuales y el conocimiento de cómo se propagan las enfermedades estamos mejor equipados para hacer frente a la última epidemia.

La peste negra, también conocida como peste bubónica y pestilencia, era una enfermedad mortal que atacaba el sistema linfático causando bubones, ganglios linfáticos inflamados. Causada por la bacteria Yersinia Pestis, acababa atacando los pulmones y provocando una muerte espantosa. Asoló Europa y Asia a mediados de la década de 1300.

La peste bubónica, parecida al COVID-19, se propagó a Europa a través de personas que viajaban desde pueblos y ciudades infectados en el extranjero. Al igual que hoy en día, cuando se cree que los cruceros fueron uno de los primeros y peores lugares afectados debido a la naturaleza de los espacios cerrados y abarrotados que permitieron que el COVID-19 se extendiera a los pasajeros que luego infectaron a otros al volver a casa, en el siglo XIV se creía que los barcos eran el vector clave de la infección.

A principios de la década de 1340, la enfermedad afectó a China, India, Siria, Persia y Egipto. En 1347, los viajeros contagiados llegaron a Europa desde Caffa, Crimea. Doce barcos entraron en el puerto siciliano de Mesina.

Los que esperaban en los muelles se sorprendieron al ver que muchos de los que iban a bordo estaban muertos.

Otros estaban gravemente enfermos y cubiertos de forúnculos negros, que exudaban pus y sangre. Las autoridades locales exigieron que la flota de los llamados barcos de la muerte abandonara el puerto, pero era demasiado tarde, la peste ya había empezado a extenderse. Desde Italia, la enfermedad se propagó gradualmente por el resto de Europa.

Durante los cinco años siguientes, la peste negra se cobraría más de 20 millones de vidas en Europa. La peste bubónica convirtió así a la muerte y a los moribundos en una presencia familiar para los europeos del siglo XIV.

. . .

Durante esta época, en la que al menos un tercio de la población moría a causa de la peste, la muerte se personificó de forma omnipresente en Europa como la figura esquelética que hoy conocemos. Según Bramley, en las comunidades europeas se observaban "figuras terroríficas" con guadañas a las puertas de las personas, cuyos habitantes caían enfermos. De estos informes, combinados con la imaginación de pintores y escultores, surgió la figura esquelética de la Parca. Para algunos, esta figura era sinónimo del Diablo.

Se cree que la túnica representa las vestimentas que los personajes religiosos de la época llevaban cuando realizaban ritos funerarios.

La guadaña es simbólica. Procede de las tradiciones mitológicas de la antigua Grecia, en las que la vida se imagina como un hilo que se puede cortar. Los griegos imaginaban a tres hermanas, las Parcas, que repartían la vida y la muerte a cada individuo: Clotho (la hilandera), Lachesis (la repartidora) y Atropos (la inflexible). Clotho sostenía la rueca del hilo de la vida, entrelazando hebras oscuras y claras. Lachesis, la segunda hermana, retorcía el cordón, y bajo sus dedos, éste vacilaba fuerte y débil con las vicisitudes de la vida. Atropos, la mayor, armada con un gran par de tijeras, cortó el hilo de la vida.

. . .

En el siglo XIV, los campesinos utilizaban guadañas y hoces para recoger sus cosechas y, de forma análoga, la muerte se imaginaba empuñando una guadaña en lugar de una cizalla. Se decía que la muerte sacrificaba a los vivos, acortando así su existencia, del mismo modo que los agricultores cortaban las cabezas de sus cosechas de trigo y cebada en sus campos. Se empezó a decorar las iglesias y los cementerios con la ominosa figura del esqueleto. En una de las representaciones más vívidas de la muerte, generalmente ambientada en los cementerios, los clérigos católicos hacían que los actores interpretaran una "danse macabre", una danza de la muerte. Uno de los actores se vestía como la Muerte y, mientras los otros artistas balanceaban sus cuerpos por última vez, la Parca se acercaba a ellos, guadaña en mano, y les arrebataba el alma. La Parca, junto con las calaveras, aparece en una amplia gama de material cultural religioso.

El objetivo era que la escatología cristiana fuera más fácilmente asimilada por los laicos. En el siglo XVI, esta iconografía evolucionaría en artículos y objetos de memento mori y vanitas.

. . .

El clero español empleó la figura femenina de la Parca de forma similar entre los pueblos indígenas de América.

Cuando llegaron al Nuevo Mundo, intentaron convertir a los lugareños al cristianismo y así "salvar sus almas".

Llevaron consigo figuras de Jesús, María y varios santos, así como la Parca, como herramientas pedagógicas. Interpretando el cristianismo a través de su propia lente cultural y basándose en sus propias tradiciones de venerar no sólo a los espíritus de los difuntos sino también de propiciar a las deidades de la muerte para las necesidades terrenales, podemos decir lo siguiente. Algunos grupos indígenas, como los mayas de las tierras altas del estado de Chiapas y Guatemala, y los guaraníes de Argentina y Paraguay, tomaron la figura esquelética de la muerte de la Iglesia como un santo por derecho propio y comenzaron a venerarla.

En todo el México prehispánico, los pueblos indígenas, desde los aztecas hasta los zapotecas, como se detalla en la introducción, practicaban el culto a los ancestros y también veneraban a las deidades de la muerte.

En la iconografía anterior a la conquista hay innumerables deidades esqueléticas, desde Ah Puch, el dios maya de la muerte cadavérico, hasta la diosa tarasca del nacimiento y la muerte, Cuerauaperi, que tiene un cráneo como cabeza y ojos vacíos como los de la muerte. Muchas de estas deidades de la muerte, desde Mictecahihuatl hasta Xonaxi Quecuya, no sólo actuaban como psicopompos, sino que también tenían el poder de regalar y "fomentar la vida". Y, de hecho, muchas diosas de la muerte eran representadas en estado de gestación tardía, lo que significaba la fecundidad de la muerte como "fuente de vida". La muerte, en lugar de significar la finalidad como en la teología cristiana, estaba vinculada en las mitologías indígenas con la regeneración de la vida, como en el juego de pelota maya, que es una analogía en acción de "muerte y renacimiento".

En la escatología cristiana, la comprensión de la muerte era distinta. Para los católicos españoles y europeos en general, la muerte equivalía a la finalidad para todos, excepto para Jesús, que triunfó sobre la muerte asegurando salvíficamente la posibilidad de redención para todos los creyentes.

En el Nuevo Mundo, la Parca fue concebida por algunos indígenas a través de la lente de sus propias tradiciones tanatológicas que, en lugar de ver a Jesús como victorioso sobre la muerte, veían a la muerte como prepotente o incluso fusionaban a los dos viendo a ambos como personajes místicos. Deseando acceder al impresionante poder de la muerte -que como hemos visto en la tanatología indígena está vinculado a la vida- algunos comenzaron a venerar las figuras esqueléticas traídas por los españoles. Muchas iteraciones del culto a la muerte surgieron como figuras sincréticas, amalgamando la tanatología indígena, la hagiología cristiana y la iconografía.

En Guatemala, en 1650, el santo vernáculo Rey Pascual, un esqueleto con una corona sobre el cráneo, surgió de la coincidencia del santo franciscano español del siglo XVII Pascual Bailón con la religión maya, así como de una imagen popular de la muerte conocida como "Rey Muerte" que había viajado desde España al Nuevo Mundo y en la que la muerte se representaba como un monarca ataviado con una corona. A esto se alude en el Quijote, donde en "Las Cortes de la Muerte" el Rey Muerte celebra una corte, con un público variopinto de todas las clases sociales. Aunque el fraile español nunca visitó a los mayas de Guatemala en vida, se dice que se apareció como la muerte encarnada en una visión a un prominente aldeano maya en la década de 1650 -antes de su canonización- en medio de una virulenta plaga, a la que se le atribuye haber puesto fin.

En esta historia, vemos los vestigios de la tanatología indígena en la que la muerte da vida. A partir de entonces, a pesar de las exigencias de la Iglesia de que los devotos apostataran, empezaron a propiciar a la figura milagros, sobre todo de curación, y lo hacen hasta hoy.

Las referencias específicas al culto real a la Santa Muerte aparecen por primera vez en los registros coloniales españoles en la década de 1790, casi un siglo y medio después de Rey Pascual. Un documento de 1797 titulado "Sobre las supersticiones de varios indios del pueblo de San Luis de la Paz", dentro de los archivos de la Inquisición, menciona por primera vez a la Santa Muerte. Centrándose en el pueblo chichimeca del actual estado de Guanajuato, el registro eclesiástico habla de treinta indios que "por la noche se reúnen en su capilla para beber peyote hasta perder la razón; enciende velas al revés, algunas de ellas negras; bailan con muñecos de papel; azotan las Santas Cruces y también una figura de la muerte a la que llaman Santa Muerte, y la atan con una cuerda mojada amenazando con azotarla y quemarla si no hace un milagro". El castigo del clero por tales "supersticiones" fue la destrucción de la capilla donde se guardaba la efigie de la santa de la muerte. También hay constancia en 1754 de curanderos castigados por herejía por recurrir a imágenes pintadas de la muerte y utilizarlas en rituales de curación.

Está claro que las imágenes de esqueletos -a pesar de la insistencia cristiana en que simbolizaban la muerte de Cristo y su triunfo sobre la muerte- eran adoradas por los indígenas. Se pedía a las imágenes de la muerte que intervinieran en las causas terrenales, en consonancia con los ideales anteriores a la Conquista, según los cuales las deidades de la muerte se imaginaban "involucradas en la rutina diaria de la vida, el nacimiento y la muerte".

Los registros de la Inquisición de la misma época y de la misma región central de la Nueva España, como se llamaba México en la época colonial) citan un caso muy similar de "idolatría indígena". En este caso, sin embargo, el santo esquelético es una figura masculina, que además tenía su propia capilla. En 1793, en el actual estado de Querétaro, un fraile y vicario franciscano presentó una denuncia contra un grupo de indios que, en medio de la misa, depositaron en el altar "un ídolo cuyo nombre es el Juez Justo y es la figura de un esqueleto humano completo que está de pie sobre una superficie roja, lleva una corona y sostiene un arco y una flecha". Esto, junto con las pruebas de Argentina, parece apuntar a una extraordinaria fusión de la figura de Cristo, el Justo Juez, con la imagen del Rey Muerte.

La veneración de estas figuras solía acarrear severos castigos, desde la flagelación hasta el auto de fe.

En respuesta a la persecución de la Iglesia, los devotos de la Santa Muerte pasaron a la clandestinidad. Sin embargo, estas prácticas perduraron, incluso hasta el norte de Nuevo México y el sur de Colorado. En esta región, en la década de 1860, se descubrió que un grupo de mestizos volvía a adorar a la muerte. Esta iteración sincrética del culto a la muerte surgió de la práctica del uso de carros de la muerte por parte de los

Penitentes, una hermandad católica que se originó en España pero que se transformó en practicantes de la heteropraxia en la lejana frontera norte de lo que había sido hasta hace poco el Virreinato de Nueva España.

Los penitentes utilizaban los carros de la muerte como instrumento de penitencia. El pequeño artilugio con ruedas se cargaba con pesadas piedras sobre las que cabalgaba la figura alegórica de la muerte en forma de esqueleto femenino. Uno de los miembros de la cofradía tiraba de él. En España, el carro de la muerte servía como instrumento para la representación de la Pasión de Cristo. Sin embargo, en el Nuevo Mundo, la figura de la muerte se fusionó con San Sebastián y la predilección indígena por la devoción a la muerte para crear a Doña Sebastiana, una personificación sobrenatural de la muerte. Esta figura fue venerada y referida indistintamente como Santa Muerte y Comadre comadre) Sebastiana.

De hecho, una oración en la que se hace referencia a la Camarada Sebastiana como Santa Muerte revela que se le pedían no sólo favores legales, sino también salud y curación. Ahora la Santa Muerte) viene vestida de mujer abogada para defender esta causa del Señor convertida en sacramento.

"Mi madrina Sebastiana, crucificada, traza ese camino hacia Dios que ha recorrido de rodillas. La Santa Muerte se ha puesto en marcha, montada en su carro; con las órdenes de Dios, representa a las almas. Ahora la Santa Muerte se pone en camino para visitar a un enfermo; encomendando su alma a Dios para que sea liberada del infierno. Durante 40 días, estuvo postrada en el Calvario acompañando a Jesús, mi Madrina Sebastiana. Ahora rezan un rosario por ella postrada en el Calvario; mi Madrina Sebastiana da su bendición".

Los mexicanos declararon la independencia de España, perdieron una guerra contra los Estados Unidos y lucharon en la primera gran revolución del siglo XX.

Sin duda, muchas iteraciones de la muerte siguieron siendo adoradas clandestinamente por los devotos, pero ni los mexicanos ni los observadores extranjeros volvieron a registrar la presencia de la Santa Muerte hasta la década de 1940, cuando dos antropólogos estadounidenses señalan que la santa de la muerte era adorada por mujeres que le rezaban pidiéndole que usara su guadaña para devolver a los maridos descarriados a la casa. Sin embargo, en una de las oraciones de la novena de nueve días) registrada en un cuaderno de la época, se suplica a la santa que se cure. A la Santa Muerte no sólo se le pide que elimine las maldiciones, sino también las enfermedades. Y, por supuesto, las maldiciones en la epistemología popular mexicana se perciben a menudo como causantes de enfermedades.

En la década de 1990, el santo de la muerte se había convertido en un milagrero polifacético al que se podía propiciar cualquier tipo de favor, desde el éxito económico hasta los problemas de salud. En esta época, se empezaron a vender efigies del santo a pequeña y gran escala en el Mercado Sonora, el "mercado de la brujería" situado en la capital mexicana. Una de las personas que compró una estatua fue el hijo de una mujer conocida como Enriqueta Romero, llamada cariñosamente Doña Queta. Ella es ahora una figura legendaria entre los devotos de la Santa Muerte, ya que es la persona que sacó de las sombras lo que antes era una fe religiosa popular encubierta a la luz pública cuando estableció un altar callejero a la Santa Muerte frente a su casa en Tepito, Ciudad de México, en 2001.

La Santa Muerte

. . .

La efigie de tamaño natural de la Santa Muerte que adornaba la acera frente a su casa se convirtió rápidamente en un icono de devoción para miles de "chilangos" (argot para los residentes de Ciudad de México).

La estatua se la había regalado uno de sus hijos para agradecer al santo su rápida manumisión de la cárcel. La estatua estaba en un rincón de su cocina, donde vendía quesadillas a los vecinos. Al ver la estatua, muchos pedían que les dejaran objetos de devoción, como flores y velas votivas. El humo de las innumerables llamas ardientes se hizo tan espeso y opresivo que Enriqueta decidió trasladar la efigie a la acera en noviembre de 2001. Desde entonces, la devoción a la muerte se ha hecho pública con los Santa Muertistas reconociendo abiertamente su fe, y se estima que, en la última década, la santa popular ha adquirido unos 7,5 millones de devotos sólo en México.

Enriqueta celebra rosarios en honor a la Santa Muerte cada primero de mes que atraen a innumerables devotos a su santuario. Desde el brote, no se han cancelado a pesar de las advertencias de que se deben evitar las grandes reuniones para evitar la propagación del COVID-19. El 1 de junio, las familias, como es habitual, se reunieron en masa formando una espesa multitud, algunos enmascarados y otros no. Estos devotos vinieron a ofrecer regalos, desde estatuillas hasta licores. Muchos se acercaron al santuario de rodillas.

A su llegada, se extendieron postrados en oración ante una gran efigie de la Santa Muerte vestida con un fastuoso vestido de tafetán azul marino con bordados de marfil. Eder, preocupado por el coronavirus, explicó que la Santa Muerte le había ayudado con "los problemas de salud de un sobrino", así como con "cosas personales, legales".

La Santa Muerte está estructurada de manera informal como una fe popular y no existe una Iglesia de la Santa Muerte única y global equivalente a la Iglesia Católica.

Aunque varios empresarios religiosos independientes, como Enriqueta Romero, han abierto santuarios, no existe un clero oficial ni ningún otro organismo administrativo que supervise la fe popular. Aunque los devotos visitan los santuarios para presentar sus respetos al santo popular, como se describirá, practican en gran medida la fe dentro de la intimidad de sus propios hogares, en los altares que han montado. Los aspectos no regulados de la fe, que implican que cualquiera puede practicarla libremente desde la comodidad de su hogar sin intermediarios externos, como los sacerdotes, la hacen atractiva para un grupo variopinto, compuesto por personas de todas las profesiones, desde camareros hasta policías. Aunque muchos devotos también rinden culto a Dios, para los que hablamos la Santa Muerte, como personificación de la muerte, es en última instancia la más omnipotente.

Como detalló Vania, una devota de la Santa Muerte en Oaxaca, "la fuerza más poderosa es la muerte, porque lo único seguro es la muerte", la fuerza más poderosa es la muerte, porque lo único seguro es la muerte.

La fe no tiene una escritura fundacional como la Biblia, aunque los libros de oraciones y los tomos de conjuros circulan libremente. El más famoso es la Biblia de la Santa Muerte. A pesar de que la fe es informal y se caracteriza por la heteropraxia, existen ciertos pilares rituales y litúrgicos. Los altares y santuarios son fundamentales para la fe. La mayoría de los devotos tienen un altar en su casa. Este puede ser adornado o consistir simplemente en una pequeña estatua de la Santa Muerte o incluso un simple exvoto con ofrendas a la santa popular consistentes en todo o parte de lo siguiente: alcohol (a menudo tequila), flores, alimentos como chocolate y caramelos, cigarrillos y vasos o botellas de agua, ya que se dice que la santa esquelética, al igual que su antepasada la Parca, está perpetuamente sedienta.

Una devota con la que hablamos por Internet, que había publicado oraciones a la Santa Muerte y fotos de su modesto altar, era de una familia muy pobre que vivía en la capital mexicana. La llamaremos Marisela. No tenía fondos para una estatua.

En su lugar, Marisela había colocado una pequeña imagen impresa de la Santa Muerte vestida con una túnica blanca en un estante con una calavera en miniatura tallada en madera junto con ofrendas de una manzana, incienso y un cigarrillo. En su altar rezaba diariamente a la muerte y nos decía: "Le he pedido a la Santa Muerte que me quite el coronavirus, tengo fe en ella. Mucha gente está muriendo y mi marido ha sido despedido. Tenemos tres bebés, pero tengo fe en ella porque siempre me escucha". El simbolismo del color es fundamental en la fe popular y se cree que las estatuas y exvotos de la Santa Muerte tienen usos específicos según su color. Hay tres colores principales asociados a la Santa Muerte: rojo, blanco y negro. El rojo se utiliza para peticiones relacionadas con el amor, la pasión y la lujuria. El votivo negro se emplea para la protección, pero también es notorio por su asociación con la magia negra y la venganza. Las velas blancas se utilizan para limpiar y bendecir, así como para infundir paz y armonía. Las velas moradas suelen estar relacionadas con la salud, pero también pueden utilizarse para hacer magia. A juzgar por el escaso número de velas moradas en los altares y santuarios de la Santa Muerte, se podría suponer que los milagros de recuperación de la salud no figuran como parte central del culto. Las apariencias engañan. Muchos devotos que buscan la curación o agradecen el restablecimiento del bienestar encienden velas blancas o amarillas en lugar de las más recientes y menos populares velas moradas.

Tanto las velas amarillas como las de color ámbar tienen una asociación específica con la recuperación del abuso de sustancias, mientras que las blancas suelen emplearse para una gran cantidad de problemas de salud. El hecho de que no sólo un color, sino tres tonalidades diferentes de velas se asocien con la búsqueda de la salud revela la importancia primordial del papel de la Santa Muerte como médico divino.

. . .

Los devotos no sólo disponen de oraciones fijas, sino también de una serie de rituales destinados a obligar a la Santa Muerte a curar sus afecciones. Por ejemplo, La Biblia de la Santa Muerte ofrece cinco rituales de curación.

El "ritual para la salud" tipifica el género:
- 1 tallo medio de ruda
- 1 metro de cinta morada
- 1 vela votiva para la salud de color púrpura)
- 1 frasco de loción Santa Muerte
- 1 cigarro
- 1 hoja de maguey
- 1 bolígrafo negro

Procedimiento: Usa el bolígrafo negro para escribir todas tus aflicciones en la cinta y luego toma la cinta y ata la ruda en un manojo.

Rocíe un poco de la loción de la Santa Muerte sobre la ruda. Enciende el cigarro y exhala el humo sobre la ruda. Ahora utilice la ruda para limpiar todo su cuerpo, comenzando por la cabeza y bajando hasta los pies, asegurándose de pasar la ruda varias veces por la parte del cuerpo que esté más afectada. Al terminar, envuelve la ruda en papel y deséchala. Toma la punta afilada de la hoja de maguey e inscribe tu nombre completo a lo largo del ancho de la vela. Luego limpie todo su cuerpo con la cera, comenzando por la cabeza y terminando por los pies, asegurándose de pasar varias veces por la parte del cuerpo más afectada. Enciende la vela y recita la oración impresa. La llama debe iluminar la parte delantera de tu estatua de la Santa Muerte. También puedes ponerla en tu altar, pero siempre pidiéndole que asegure tu salud. Este ritual resultará muy familiar a muchos devotos, ya que, salvo la loción de la Santa Muerte, tanto los ingredientes como el propio acto ritual derivan del "curanderismo" mexicano o de las prácticas curativas populares. El curanderismo, que se inspira en las prácticas curativas indígenas, españolas y, en menor medida, africanas, ofrece a los mexicanos afectados una alternativa más holística y económica a la atención médica occidental.

Como describiremos, también lo ofrecen los numerosos curanderos que trabajan con la Santa Muerte, como la bruja y curandera autoidentificada, Yuri Méndez, que trabaja con hierbas y oraciones para curar a los devotos de sus dolencias.

Fueron los ibéricos quienes llevaron la ruda a

América, donde sigue teniendo la misma función que en la península ibérica e incluso en la antigua Grecia. Al igual que el ajo se empleaba para ahuyentar a los vampiros, la ruda se utilizaba en la antigua Grecia y en el México contemporáneo y gran parte de América Latina para ahuyentar la brujería y el mal de ojo, una creencia muy extendida entre las clases trabajadoras de la región.

No son pocos los mexicanos que también preparan con esta hierba amarga un té medicinal que se cree que cura una panoplia de dolencias, como la rigidez de cuello, los mareos, los dolores de cabeza y los problemas del oído interno. Así, en el ritual de curación de la Santa Muerte, la ruda sirve de esponja limpiadora que absorbe la enfermedad mientras se agita sobre el cuerpo del afligido. Una vez finalizado el ritual de limpieza, la ruda se desecha para asegurar la eliminación de la negatividad que se cree que ha sido absorbida por ella. Dos ingredientes adicionales aumentan la potencia de limpieza ritual de la ruda.

Dado que el púrpura es el color principal para la curación, la cinta de este tono, que se anuda alrededor de la ruda, aumenta el poder curativo de la hierba. Es el puro, de todos los ingredientes curativos, el que tiene el vínculo más potente con la curación, a pesar de su actual notoriedad como carcinógeno.

En toda América, los pueblos indígenas mascaban, fumaban y bebían té de tabaco con fines espirituales y medicinales entrelazados.

En la actualidad, los cigarros y los cigarrillos son moneda corriente tanto en las prácticas curativas populares como en las religiones afrodiaspóricas. A nosotros mismos nos han soplado humo de tabaco sobre nuestros cuerpos los líderes de la Santa Muerte y los chamanes durante el trabajo de campo en México. En cualquier caso, para la mayoría de los practicantes del ritual de salud de la Santa Muerte, el cigarro sirve como un poderoso agente y símbolo de curación. El maguey, también conocido como la planta del siglo, también conecta a los Santa Muertistas mexicanos con su herencia precolombina. Los aztecas empleaban esta planta para una serie de dolencias, como la gota y las heridas tópicas. Además, los aztecas y otros pueblos indígenas del centro de México fermentaban el zumo de la planta para obtener una bebida alcohólica llamada pulque, que contiene una cantidad considerable de vitamina B y que, hasta el día de hoy, es una importante fuente de nutrición para un número significativo de campesinos del centro rural de México. Los colonos españoles, interesados en una bebida más fuerte que el pulque, destilaron los jugos de la planta de agave azul y del maguey para obtener tequila y mezcal, respectivamente. Sin embargo, en el ritual curativo de la Santa Muerte, la hoja de maguey no funciona como ungüento medicinal, sino como instrumento de escritura.

Así, la polivalente planta del siglo sirve como ingrediente clave en esta receta de curación al prestar sus fibras salubres para realizar una inscripción en la cera votiva.

La vela votiva de color malva, al igual que la ruda, también funciona como agente limpiador, absorbiendo la aflicción mientras traza los contornos corporales del peticionario. Al dejar que la vela arda en el altar del Doctor Muerte, los contagios absorbidos en la cera púrpura son incinerados ritualmente.

No es casualidad que la fallecida líder de la Santa Muerte en México, Enriqueta Vargas, de la Santa Muerte Internacional, haya comenzado a realizar servicios fúnebres en su templo de Tultitlán antes de su muerte. Habiéndola conocido durante varios años, siempre nos sorprendió que realizara bautizos y bodas en su templo, pero no la extremaunción. Cuando le preguntamos en noviembre de 2015 por qué no ofrecía servicios fúnebres nos respondió: "La gente no está preparada para eso todavía". La carismática evangelista de la Santa Muerte comenzó a realizar la extremaunción en su templo solo unos meses después.

Los estudiosos describen a la Santa Muerte como la "santa de los desesperados", ya que es venerada principalmente por los pobres y necesitados, que apelan a ella para mejorar la precariedad de sus vidas.

En este momento, son los empobrecidos los que corren más riesgo de sucumbir a Covid o los que se enfrentan a las ramificaciones de las medidas severas que implican que ya no pueden realizar negocios. Los pobres no pueden distanciarse socialmente ni quedarse en casa, ya que sus trabajos les obligan a tratar con el público, por lo que muchos recurren al santo de la muerte para que les proteja en estos tiempos de peste. Algunos también trabajan en la profesión médica y a diario atienden a los pacientes de la COVID-19 y le hacen ofrendas a la Santa Muerte para crear una relación que la mantenga contenta y así no se los lleve.

. . .

La asombrosa adaptabilidad de la Santa al mercado religioso mexicano y su importante papel como médico de la muerte son visibles al examinar la parafernalia con su imagen. Incluso antes de que estallara la pandemia, cientos de tiendas de artículos esotéricos en todo el país se mantenían a flote gracias a las rápidas ventas de parafernalia de la Santa Muerte. Los fabricantes y vendedores de productos de la Santa Muerte han respondido con una celeridad impresionante al nuevo mercado de protección y curación del COVID-19. Los últimos son las velas contra el coronavirus con la imagen de la Santa Muerte y la mención "protección contra Coronavirus".)

Según Verónica Lezama, propietaria de una tienda que vende artículos esotéricos en Villahermosa, Tabasco, Productos Esotéricos San Gabriel, la vela de la Santa Muerte coronaria se ha vendido muy bien. Se vende sola, pero también se ofrece como parte de un kit que también incluye una loción y un bálsamo. Se aconseja que se inscriba en la vela el nombre de la persona que busca protección contra el virus o que lo padece. A continuación, debe tocarse el cuerpo con ella antes de encenderla.

La Santa Muerte

. . .

El bálsamo debe frotarse en el cuerpo para obtener un efecto apotropaico. La loción, nos dijeron los devotos, se utiliza en los dinteles de las puertas para proteger el interior de la casa y a sus habitantes del coronavirus.

En el sur de México, en el estado de Oaxaca, la loción contra el coronavirus no está disponible, pero sí una loción general de la Santa Muerte. Se dice que tiene propiedades protectoras. Margarita, de 35 años y devota de la Santa Muerte, tiene una pequeña tienda cerca de Pochutla. Todos los días escucha en las noticias de la radio a los locutores exaltando el nuevo lema de prevención del coronavirus "quédate en casa", pero ella no ha cerrado su tienda, ni se ha quedado en casa. Su tienda, en la que vende chucherías para mujeres, desde pinzas para el pelo hasta pendientes, es su único ingreso y, con su marido sin trabajo debido a COVID-19, ella es ahora el único sostén de la familia.

Preocupada por la posibilidad de que un cliente le transmita el virus, Margarita ha recurrido a medidas sobrenaturales para protegerse. Cuenta que roció loción de la Santa Muerte fuera de su tienda para evitar que el COVID-19 entrara. Hasta ahora, afirmó, parece haber funcionado. Explicó que "la muerte es aún más poderosa que el propio Dios", y que la única manera de evitar caer en su huesudo abrazo es "rezar diariamente a la Santa Muerte, darle ofrendas y purificar tu casa y tu negocio".

Al igual que Marisela, ella también tiene un modesto altar con algunas piedras preciosas, un vaso de agua, algunas flores que recogió de la naturaleza y una pequeña estatua de la Santa Muerte que es azul, pero para ella el color no es importante, lo que es vital es que pueda hablar con su santa popular diariamente a través de la efigie. En el altar también hay una imagen de su marido, cuya salud es precaria y por la que se preocupa. Al colocar su imagen en su pequeño altar, explica que "la Santa Muerte le protegerá".

Aunque la Biblia de la Santa Muerte es ampliamente utilizada por los devotos, constantemente circulan nuevos libros de capillas con oraciones novedosas, lo que demuestra, una vez más, la maleabilidad del nuevo movimiento religioso en circunstancias cambiantes.

. . .

Una oración de protección de COVID-19 fue enviada a la antropóloga por Yuri Méndez, una bruja autoidentificada, curandera y chamán de la Santa Muerte a la que había visitado en Cancún poco antes de que comenzara el encierro. Yuri Méndez ha estado rezando semanalmente a la Santa Muerte y dándole ofrendas. Ha suplicado a la santa no sólo que la proteja a ella y a su familia del coronavirus, sino que también le ha pedido la curación del mundo. También está preocupada por su marido, que antes trabajaba como carpintero. Ahora ha perdido su trabajo debido a las medidas para evitar la propagación del COVID-19, lo que implica que muchos negocios se han visto obligados a cerrar sus puertas. Afortunadamente, Méndez ofrece una serie de servicios chamánicos a los clientes, por lo que ha podido llegar a fin de mes.

Yuri relató la cantidad de gente que está sufriendo ahora en Quintana Roo. La zona depende totalmente del turismo, y sólo los sectores más pequeños de la pesca y la agricultura no se han visto afectados. Debido al coronavirus, los hoteles y las playas han cerrado y los turistas han dejado de inundar la zona con sus dólares americanos.

. . .

Innumerables personas han sido despedidas de sus trabajos y están luchando por mantener a sus familias.

La prensa afirma que más de 80.000 personas han perdido su empleo, y hay que tener en cuenta que esas cifras no cuentan a quienes trabajan en la economía informal.

Además, el coronavirus está alimentando la delincuencia, ya que muchos han recurrido a métodos ilegales para asegurar su supervivencia.

Yuri vistió sus numerosas efigies de la esquelética santa popular con vestidos y velos translúcidos de color malva y limón, además de regalar a la santa flores y vegetales de estos colores asociados a la sanación, como calabazas amarillas y berenjenas. Después de encender velas moradas, blancas y amarillas de sanación y de hacer fluir en su capilla manojos ardientes de hojas de romero y salvia, que según ella son purificadoras, recitó la oración que sigue, que hemos traducido del español. Invitó a sus numerosos seguidores, también devotos de la muerte, a unirse a ella, publicando fotos de su altar. Relató cómo rezaba visualizando a la santa popular utilizando su guadaña para limpiar la tierra de coronavirus, en particular en los días de luna menguante, como el 16 de marzo y el 14 de mayo.

"Santa Muerte, Señora de la Luz

Ante Dios y ante ti me arrodillo para que
   Intercede por mí y por el mundo entero
   Para eliminar todo el mal, virus o bacterias
   Limpia con tu manto purificador.
   Señora, escuche mis ruegos.
   Ayudar y dar pan y cobijo a los que lo necesitan
   Y buscar en ti la fuerza
   La Señora del Fin de los Tiempos nos protege para que no seamos infectados.
   Y no infectar a los que amamos
   Barre el COVID-19 de nuestro camino
   Y concédanos refugio, comida y apoyo
   Te pido que nunca me falles
   Amén. "

Yuri detalló que sus clientes, amigos y familiares también han acudido a ella para pedir consejo sobre cómo propiciar a la Santa Muerte para protegerse del coronavirus.

Ella les ha recomendado que coloquen una berenjena en su altar debido a su color. Como hemos visto el color malva se asocia con los poderes curativos de la Santa Muerte. Al igual que los antiguos griegos ofrecían ajo a la diosa Hekate, asociada con el inframundo, la magia, la brujería y la nigromancia, Yuri también ha estado regalando a su santa y recomendando a otros devotos de la muerte que regalen a la Santa Muerte el punzante bulbo en un quid pro quo con la muerte por la vida.

Los devotos de la Santa Muerte no son necesariamente exclusivos de la santa y también invocan a otras figuras según sea necesario en sus peticiones. Yuri decidió traer a su santuario, desde el inicio de COVID-19, a un invitado especial que, a su juicio, echaría una mano a la Santa en su misión de sanación mundial, "el Niño Doctor".) Entre las múltiples advocaciones del Niño Jesús en México, el Niño Doctor destaca por sus poderes curativos. Tradicionalmente, se viste con una bata blanca de médico a la antigua, pero en el altar de Yuri, el Niño Doctor aparece con un traje turquesa de médico moderno repleto de gorro y una máscara quirúrgica que le cubre la boca. Se le busca especialmente para curar a los niños mexicanos enfermos. En las iglesias de todo el país, pero sobre todo en la capital mexicana, sus estatuas suelen estar adornadas con ofrendas de juguetes, exvotos por los milagros de recuperación de la salud que se cree que ha concedido a los fieles. Su novedosa presencia en el templo de la Santa Muerte en Cancún pone de manifiesto el intenso temor por la virulenta pandemia que actualmente alcanza su punto álgido en México, que hasta agosto de 2020 ocupa el tercer lugar en muertes por Coronavirus, después de Estados Unidos y Brasil. Incluso la Santa Muerte, una de las curanderas más poderosas del panorama religioso nacional, necesita cierta ayuda sobrenatural para protegerse y curar a los enfermos de coronavirus.

Poco antes de presentar este capítulo, Yuri se puso en contacto para decir que la Santa Muerte había realizado un milagro de curación por coronavirus. Una familia que residía cerca del santuario con su hija pequeña fue diagnosticada con el virus. Camila, la madre, envió un mensaje a Yuri para pedirle que rezara por su familia.

. . .

Camila también le pidió que encendiera votivas para ella y su marido Diego, y para su hija Ana Fernanda. Yuri no pudo conseguir la vela de la Santa Muerte en Cancún.

Sin embargo, encontró un exvoto de COVID-19 con una petición a los arcángeles.

Yuri encendió dos velas, colocando una por la niña ante el Niño Doctor con una ofrenda de galletas, y otra ante la Santa Muerte por Camila y Diego con regalos de flores y panes dulces. Rezó por la familia de la pareja enferma, tanto en privado como en público, incluso durante el rosario mensual del primero de junio, cuando muchos se reúnen en su capilla. Como se ha detallado, Yuri es una curandera de la Santa Muerte y recomendó una infusión que se tomaba tres veces al día y que consistía en orégano, limón, ajo, buganvilla y clavo de olor.

En el plazo de una semana, la familia había recuperado la salud y, para agradecer a la santa popular, le regaló abundantes ramos de flores blancas, velas blancas y pagó un grupo de mariachis para que cantaran odas a la salutífera santa. Yuri también agradeció a la Santa Muerte con oraciones y más ofrendas. Los estudios sobre la devoción mariana y los santos populares latinoamericanos han aportado pruebas sólidas de que la oración, el curanderismo y los rituales religiosos tienen beneficios psicológicos. Se ha observado que tales acciones -que los devotos creen que les proporciona el apoyo de un ser sobrenatural- aumentan la esperanza, aportan tranquilidad y la fuerza necesaria para afrontar e incluso superar las dificultades. Debemos suponer que la religión tiene un papel importante para afrontar el coronavirus y que la imaginada égida sobrenatural de la Santa Muerte también puede tener efectos positivos en la curación.

Las oraciones de curación como la de Yuri, escritas en tarjetas de oración reales o que aparecen como imágenes de oración virtuales en lugares como Facebook, han estado circulando en México desde que los primeros casos de coronavirus golpearon México. Así como la Santa Muerte ha sido erróneamente representada como una narco-santa a la que sólo apelan los criminales de la droga para hechizar a los enemigos, muchas oraciones en realidad son para el cuidado de los seres queridos.

. . .

Apelan a ella como a un ángel enviado por Dios para curar y ayudar, como esta oración recomendada en un libro de bolsillo que se vende en todo México, a menudo junto con la vela por el coronavirus para los familiares y amigos enfermos. Dice lo siguiente:

"Santísima Muerte, Señora mía, Ángel que Dios nuestro Padre creó para ayudar y servir

Hoy imploro y suplico por favor me concedas la curación y salves la vida de insertar nombre)

Que sus días en la tierra sean muchos

Que su cuerpo recupere la vitalidad y el vigor,

Tú, que eres todopoderoso, sálvalo

Y asegurar que recuperan su salud.

Te imploro en este día, en este momento

Por Jesucristo nuestro salvador en la Cruz,

Por favor, actúe y devuélvale a salvo su salud y bienestar.

Amén".

Incluso más allá de México, en las comunidades de migrantes, en lugares como Texas, los devotos mexicanos han estado rezando a la santa popular, suplicándole una sanación sobrenatural global. Esto contrarresta una vez más la retórica del narco-santo, evidenciando que los devotos acuden a la Santa Muerte con fines alocéntricos.

La Santa Muerte

. . .

En respuesta a la demanda del público, la Basílica de la Santa Muerte, una iglesia dedicada a la Santa de los Esqueletos en Los Ángeles, publicó en su sitio web y en vídeos de YouTube que obtuvieron más de nueve mil visitas, oraciones para la sanación mundial de COVID-19, tanto en español como en inglés, como esta:

"Oh Divina Santa Muerte,
    Siempre estás en nuestro camino
    Como signo de salvación y esperanza
    Como símbolo del fin del dolor y el sufrimiento
    Hoy nos dirigimos a ustedes con un ruego
    Te pedimos la paz en el mundo
    Y la curación de los enfermos,
    Te pedimos con el poder de tu guadaña
    Cortar de una vez por todas la sombra del Coronavirus
    No tenemos miedo a la muerte
    Pero tampoco queremos irnos en este momento
    Queremos una oportunidad más
    Para demostrarnos a nosotros mismos
    Que somos capaces de avanzar
    Sin tanto odio ni maldad en nuestros corazones
    Te lo imploro, te lo ruego,

Acabar con esta maldita enfermedad,
Acabar con el coronavirus,
Hazlo desaparecer de la faz de la tierra,
Abre los ojos y los corazones de todos los que ven esta oración,
Para que conozcan el gran poder que tienes.
Amén. "

Tanto en esta invocación como en la de Yuri Méndez, cabe destacar que los atributos de la Santa Muerte son esenciales para que los devotos la imaginen ofreciéndoles una égida sobrenatural. Su manto aparece con frecuencia en los relatos como purificador y protector tanto de los individuos como del mundo en general. Enriqueta Romero, la dueña del famoso santuario de Tepito, detalló en un documental de Eva Aridjis cómo la Santa Muerte ofrecía su manto para ocultarla de los delincuentes.

Querían asaltarla cuando volvía a casa una noche desde el hospital donde su hijo yacía herido tras un tiroteo. Pero en el contexto de la salud y la curación, el manto ofrece otro tipo de cobertura protectora, que protege a los devotos del virus y también purifica el espacio que les rodea, como atestiguan las palabras de Yuri "limpia con tu manto purificador".

. . .

En el 90% de su iconografía, la Santa Muerte es representada blandiendo una guadaña en su mano derecha. En México, al igual que en la mitología europea antes analizada, esto representa su papel como segadora de almas, sin embargo, los devotos de la Santa Muerte han dotado al instrumento y, por ende, a la Santa, de nuevas habilidades. Los devotos afirman que la guadaña es capaz de liberar espacios e incluso personas de la energía negativa.

Lina, una devota de la muerte que la antropóloga conoció en Oaxaca, describió la guadaña así: "la guadaña puede cortar la mala energía, que puede ser en forma de enemigos, malas influencias o envidia", pero además, como vemos en la oración anterior, que dice "con el poder de tu guadaña, corta de una vez por todas la sombra del coronavirus", la guadaña también se cree capaz de cortar la enfermedad, que es otra manifestación, a los ojos de muchos devotos, de la negatividad y el mal.

Vivian es una enfermera de Veracruz que trabaja en primera línea con los pacientes de COVID-19. Todos los días se pone una cadena de plata con un colgante que representa la Santa Muerte. Cree que esto la protege. Tiene un altar en su casa que consta de tres estatuas, la Santa Muerte blanca de la limpieza y la armonía, la Santa Muerte dorada de la riqueza y la abundancia, así como una Santa Muerte negra. En el centro del santuario hay un incensario en el que se quema salvia con rosas y copal. En esta zona también quema velas. A su alrededor hay ofrendas que renueva cada dos semanas o cada mes.

Vivian nos explicó las ofertas: "Le gustan las flores frescas, sobre todo las rosas. También pide tequila fresco, y quiere sus manzanas con canela. También le doy colonia, Agua de Florida. Le encantan las rosas".

El Agua de Florida fue creada en Nueva York por David Lanman y Robert Murray en 1808 en respuesta a la moda de los años 1700 y 1800 en la sociedad europea del "Eau de Cologne" o Agua de Colonia. Contiene alcohol, agua y aceites esenciales de bergamota, neroli, limón, clavo, canela, lavanda, rosa y flor de azahar. Ganó popularidad en todo el país, se extendió a América Latina e incluso acabó en pueblos remotos siendo utilizada por los chamanes en ceremonias en el Amazonas. Se utiliza en ritos de limpieza y hechizos para eliminar la energía no deseada, y muchos la usan como agua bendita para la limpieza y la protección, que es como la utiliza Vivian.

Vivian relató que apela en particular a su estatua de la Santa Muerte Negra. Aunque comúnmente se la asocia con el maleficio y la venganza -especialmente en los medios de comunicación que vinculan la vela con los narcos y sus nefastas actividades-, el papel de la Santa Muerte negra también se extiende a la protección, con la que la enfermera afirmó que la santa popular la ha bendecido. La Santa Muerte, como hemos descrito, es una fe laissez-faire caracterizada por la heteropraxia, por lo que, a diferencia de Yuri, Vivian no ofrece a la Santa Muerte ningún regalo especial para luchar contra el COVID-19, ni lee ninguna oración ad hoc sobre el coronavirus, sino que se limita a pedirle a la santa que le ofrezca protección, además de recitar padrenuestros y avemarías.

No obstante, Vivian me dijo que es consciente de que corre el riesgo de contraer el COVID-19, ya que durante todo el día atiende a los enfermos. Afirmó que "cuando siento algo raro en la garganta me tomo un trago de tequila en su altar con ella". Cree que esto limpia su cuerpo y lo libera del virus.

. . .

Vivian relató que no temía a la muerte y que había tenido discusiones con la Santa Muerte en su altar diciéndole que si le llegaba la hora podría cosechar su alma, pero que esperaba que si no era así el santo la hiciera fuerte para poder vivir un día más. En cuanto a los moribundos, a veces en su presencia en el hospital donde trabaja, afirmaba tranquilamente: "son sobre todo los ancianos los que se mueren y, a mi modo de ver, sólo se lleva a la gente porque es su hora de irse". La creencia de que todos tenemos una hora señalada para nuestra muerte es común en México y se plasma en el estribillo popular "cuando te toca te toca".

Muchos de los mexicanos devotos de la muerte con los que hemos hablado tienen una actitud positiva y de aceptación de la misma. Por el contrario, los europeos y los estadounidenses del siglo pasado han considerado en general la muerte como algo hostil, un estorbo para el sueño americano. La muerte se ve como algo definitivo y para algunos puede ser incluso un tema tabú.

Sólo recientemente, con el advenimiento de movimientos positivos a la muerte, como la "Orden de la

Buena Muerte", algunos han comenzado a abordar su mortalidad de una manera más afirmativa. Los motivos de memento mori son una parte importante de la iconografía cristiana que aparece en muchas iglesias y cementerios de toda Europa. Evocan la actitud de la fe cristiana ante la muerte. En ellos aparecen calaveras, relojes de arena y otros elementos que sirven no sólo para recordar la brevedad de la vida, sino para ensalzar la necesidad de llevar un estilo de vida ascético salpicado de oraciones para evitar el castigo del fuego del infierno.

En gran parte de Mesoamérica, el cráneo era un símbolo no de la impermanencia, sino de la ciclicidad interminable de la vida y la muerte, que se consideraban inextricables. También manifestaba la relación entre la muerte y el poder. En la cultura azteca, por ejemplo, se creía que los muertos transferían su fuerza vital a la tierra al fallecer, fertilizándola, lo que a su vez fortalecía al estado y a su gente, asegurando así la perduración de los vivos.

Así, la muerte no tenía que ver con la brusca finalidad, como ocurre en gran parte de la cultura europea y americana, sino con la continuidad, la comunidad y los ciclos del cosmos.

. . .

La Santa Muerte, como vimos anteriormente en este artículo, es una santa sincrética que en parte toma de las epistemologías tanatológicas prehispánicas y, como tal, no sólo es solicitada por los devotos para su protección, sino que, como vimos en el caso de Vivian, también proporciona un marco cultural dentro del cual aceptar el huesudo abrazo de la muerte cuando inevitablemente aparece con su guadaña para segar la última hora de uno.

Conclusión

Al reflexionar sobre el papel de la Santa Muerte como protectora y curandera sobrenatural en estos tiempos de peste pandémica, subrayamos varios puntos finales importantes. En primer lugar, los medios de comunicación, con pocas excepciones, han ignorado sistemáticamente su condición de una de las curanderas más importantes del panorama religioso mexicano. Las cadenas de televisión y los periódicos se centran en la vela negra de la Santa Muerte del crimen y la violencia, vendiendo lo sórdido y sensacionalista para ganar más espectadores y lectores. Sin embargo, ya sea en su forma blanca, amarilla, morada o incluso negra, como vimos en el caso de Vivian, los devotos imaginan que les protege y cura del coronavirus, pidiendo no sólo la curación para ellos, sino también para sus seres queridos e incluso la curación del mundo.

En segundo lugar, evidenciando la importancia de la religión como mecanismo de adaptación en tiempos de pandemia, los poderes curativos de la Santa Muerte han encontrado una gran demanda nueva en el mercado religioso mexicano en medio de COVID-19. Los poderes curativos de la Santa Muerte han encontrado una nueva y gran demanda en el mercado religioso mexicano en medio de COVID-19. La evidencia de trabajos anteriores sugiere que los rituales religiosos y espirituales son catárticos, contribuyendo a la psicología positiva y proponemos que actualmente los ritos y oraciones de la Santa Muerte pueden estar ayudando a sobrellevar mentalmente el estrés mental y físico causado por la amenaza e infección del coronavirus. Sin embargo, como señalamos, los propios orígenes de la Santa Muerte están vinculados a la peste, no como sanadora sagrada, sino como símbolo de pérdida y finalidad.

El papel de la santa como curandera en una época de pandemia puede parecer, a primera vista, paradójico si sólo tenemos en cuenta la herencia europea de la santa o sus orígenes contemporáneos. Por ello, es vital, como hemos demostrado, rastrear sus orígenes prehispánicos para entender la muerte como fuente de vida. La dualidad de los poderes de la santa proviene de una ontología indígena que presupone la interdependencia

Conclusión

de la vida y la muerte, y también supone que las deidades de la muerte pueden intervenir en las causas terrenales, incluso prolongando la vida.

Sólo descolonizando nuestro conocimiento de los orígenes de la Santa Muerte y aceptando su importante derivación precolombina podemos entender el papel de la santa de la muerte que a la vez cura a los enfermos, pero también corta el hilo de la vida y arrebata las almas, al tiempo que proporciona una epistemología tanatológica para entender la mortalidad. La Santa Muerte es imaginada por los devotos no sólo como segadora de almas, sino que al mismo tiempo aleja las enfermedades y repara los cuerpos rotos, y al hacerlo añade unos cuantos granos de arena más al reloj de arena de la vida.

Línea de tiempo

1961 - El antropólogo y escritor estadounidense Oscar Lewis menciona el culto a la Santa Muerte en su novela Los hijos de Sánchez.

1998 - Primera exposición masiva del culto a la sociedad mexicana, con la detención de Daniel Arizmendi López, el Corta Oídos, uno de los secuestradores más temidos de México. Las autoridades encuentran un altar a la Santa Muerte en su casa, que se le permite llevar a su celda.

2001 - El último día de octubre, Enriqueta Romero, un ama de casa del barrio de Tepito en la Ciudad de México, decide establecer un santuario público a la Santa Muerte.

Línea de tiempo

2004 - Niurka Marcos, una actriz cubano-mexicana, contrata al líder de la iglesia de la Santa Muerte para que la case en un rancho en las afueras de la Ciudad de México. Ese mismo año las autoridades mexicanas informan de que varios delincuentes capturados en Nuevo León tenían altares en sus casas.

2004 - A mediados de año, un santuario de la Virgen de Guadalupe es destruido en la carretera a Nuevo Laredo. A pocos kilómetros aparece otro con una efigie de metro y medio de la Santa Muerte.

2005 - La secta comienza a entrar gradualmente en Estados Unidos a través del flujo de inmigrantes mexicanos y centroamericanos.

2005 - "La Iglesia Católica Tradicional de México-Estados Unidos, Misioneros del Sagrado Corazón y San Felipe de Jesús", dirigida por David Romo, pierde su registro en la Secretaría de Gobernación de México.

2006 - Los altares a la Santa Muerte comienzan a proliferar en las carreteras y autopistas del norte de México, especialmente entre las ciudades de Nuevo Laredo, Monterrey y Reynosa. Muchos de estos lugares son rutas del narcotráfico y escenarios de ejecuciones y fusilamientos.

Línea de tiempo

2007 - Jonathan Vargas Legaria construye un monumento de 72 pies de altura en Tultitlán, una zona violenta y empobrecida cerca de Ciudad de México. Al año siguiente establece un templo y se proclama líder de la secta.

2009 - El ejército mexicano destruye más de treinta altares a la Santa Muerte en Nuevo Laredo y junto a la frontera con California y Texas. David Romo llama a librar una "guerra santa" contra la Iglesia católica.

2010 - El 21 de marzo aparece un altar a la Santa Muerte en la serie de televisión Breaking Bad, dando a los espectadores estadounidenses su primer vistazo al nuevo culto masivo al sur de la frontera. Un mes después aparece otra referencia en "A Rite of Passage", un episodio de Criminal Minds.

2011 - La policía detiene a David Romo, el autodenominado arzobispo de la "Iglesia de la Santa Muerte", acusado de secuestro, extorsión, lavado de dinero y fraude.

2012 - La policía de Sonora, estado del norte de México, detiene a ocho personas acusadas de sacrificar ritualmente a dos niños de diez años y a una mujer en un altar de la Santa Muerte. Según las autoridades, los niños fueron decapitados y su sangre ofrecida a una estatua.

2013 - Un designado del Vaticano, el cardenal Gianfranco Ravasi, presidente del Consejo Vaticano para la Cultura, se pronuncia por primera vez sobre el culto:

"No es una religión sólo porque se viste de religión".

2016 - El Papa Francisco I visita México y hace una crítica velada pero inequívoca al culto de la Santa Muerte y sus "símbolos macabros"

www.ingramcontent.com/pod-product-compliance
Lightning Source LLC
Chambersburg PA
CBHW072020070526
44583CB00015B/1554